DMZ 접경지역 기행 5

철원편

5

D M Z
접경지역
기   행

철원

건국대학교
통일인문학연구단
DMZ연구팀

경인문화사

목
차

01

철원의 젖줄,
한탄강을 터전으로
대지와 생명을 가꾸어 온
역사의 발자취

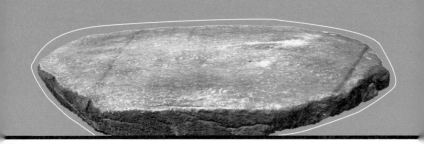

| 군탄리 바위그늘유적 – 철원 지석묘군 – 철원 갈말읍
  토성 – 화강 – 철원 충렬사지

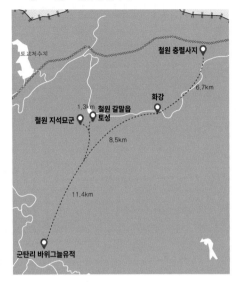

군탄리 바위그늘유적, 철원의 시작
철원 지석묘군, 비옥한 땅에 선 권력
철원 갈말읍 토성, 화강의 젖줄을 띠라 번창힌 읍성
화강, 아름다운 강에 얽힌 일제의 폭력
철원 충렬사지, 병자호란 2대 승첩에 관한 기억

　　　　　　 철원은 예로부터 곡창지대로 유명했다. 궁예는 이곳을 자신이 세운 국가의 수도로 삼고자 했다. 하지만 너른 평야가 있다고 해서 모두가 다 기름진 땅이 되는 것은 아니다. 거기에는 반드시 대지에 영양을 제공하는 강이 있어야 한다. 철원에도 넓은 평야를 가로지르며 흐르는, 깊고도 수려한 강이 있다. '한탄강'이다. 한탄강은 북쪽 지역인 강원도 평강군의 추가령 구조곡 동쪽 산인 장암산長岩山 남쪽 계곡에서 시작되어 평강, 철원, 포천, 연천 등을 가로질러 흐르다가 연천군 군남면 남계리 도감포에서 임진강과 만나 합쳐진다. 총길이는 약 14km다. 남쪽만 따져도 약 80km에 달한다.

　　　　　　 '한탄강漢灘江'의 본래 이름인 '한탄漢灘'은 '은하수 한漢'과 '여울 탄灘' 자로, '밤하늘의 은하수처럼 흐르는 여울'이라는 뜻이다. 즉, 한탄강은 밤하늘에 빛나는 은하수의 별빛처럼 아름답게 흐르는 강이라는 의미를 지니고 있다. 맑고 화창한 날이면 한탄강은 태양 빛을 받아 반짝거리며 협곡을 흐른다. 한탄강은 철원, 연천 지역의 대지에 생명수를 공급해 비옥한 땅을 만들 뿐만 아니라 깎아지른 듯 우뚝 솟은 천애의 협곡을 따라 반짝이면서 지그재그로 흐른다.

　　　　　　 그러나 오늘날 사람들은 대부분 '한탄강'을 떠올릴 때, '크고 맑은 여울'이나 '은하수가 흐르는 여울' 같은 아름다운 이름을 떠올리기보다는 한스러움을 탄식하는 '한탄강恨歎江'을 떠올린다. '한恨'은 '억울함원통함원망뉘우침' 등의 감정적 의미를 담고 있고, '탄歎'은 '탄식하다, 노래하다, 기리다'와 같은 의미를 지닌다. 그렇기에 '한탄강恨歎江'은 '한탄강漢灘江'이라는 말과 전혀 다른 이미지를 만들어낸다. '한탄강漢灘江'이 밤하늘을 수놓는 은하수처럼 수려하고 아름다운 강을 떠올리게 한다면 '한탄강恨歎江'은 가슴이 무너지는 한으로 인해 탄식을 쏟아내는 강을 떠올리게 한다. 그러나 본래 이름이 무엇이었든지 간에 '한탄강'이라는 이름을 가지고 서로 싸울 필요는 없다. 사람들이 '한탄강漢灘江'을 '한탄강恨歎江'으로 오해하는 데도 나름의 역사적 진실이 작용하기 때문이다.

_____ 철원은 한반도의 중부내륙에서도 동서의 중간이자 남북과 동서를 잇는 곳에 자리잡은 지정학적 조건 때문에 옛날부터 패권을 장악하고자 하는 국가들의 전쟁이 치열했던 곳이다. 철원에 남아 있는 태봉국泰封國의 왕 궁예에 얽힌 전설도, 동족상잔의 비극적 사건이었던 한국전쟁도 우리에게는 매우 가슴 아픈 기억과 상처들, 그리고 가슴 무너지는 깊은 탄식을 남겼다. 따라서 '한탄강漢灘江'은 '한탄강恨歎江'이기도 하다.

_____ 한탄강에는 억압받는 세상에서 미륵의 세계를 갈구했던 민초의 좌절된 꿈이 남긴 한恨이 있고, 분단국가의 전쟁이 남긴 유혈참극의 고통과 아픔이 스며들어 있다. 제주도에서나 볼 수 있는 구멍이 숭숭 뚫린 돌조각을 보고 철원 사람들은 그들의 삶에 드리워진 비운의 역사적 기억을 담은 이야기를 만들어냈다. 미륵의 땅을 건설하고자 했던 궁예는 후백제와 전쟁을 치르고 돌아오던 길에 한탄강가에서 잠시 숨을 고르다가 구멍이 뚫려 있는 검은 돌을 보고 "아, 내 운명이 다했구나"라고 탄식하였다고 한다.

_____ 또한, 철원 사람들은 아직도 한국전쟁 당시 너무나 많은 젊은이가 피를 흘려 그 피가 한탄강을 붉게 물들였다는 이야기를 많이 한다. 아마도 철원이 한국전쟁 당시 가장 치열했던 전장이자 그 이후로도 남북의 군사적 대치가 가장 첨예한 최전선의 '냉전 공간'으로 남았기 때문일 것이다. 철원이라는 공간의 사회-역사적 기억과 관계들이 '한'의 정서적 흐름을 만들고, 그것이 '한스러움을 탄식하는 한탄강'이라는 이름을 떠올리게 하고 있는 셈이다. 그러다 보니 정작 철원이 가지고 있는 유구한 역사를 망각하는 경향이 있다.

_____ 그러나 다른 DMZ 접경지역과 마찬가지로 철원도 매우 유구한 역사뿐만 아니라 아름다운 자연 풍광과 생태적 고유성을 가지고 있다. 동쪽에서 서쪽까지 DMZ 접경지역에는 선사시대의 유적들이 많이 분포分布하고 있다. 철원에도 이런 유적들이 있다. 물론 개수나 많거나 크기가 큰 것은 아니다. 하지만 철원의 선사유적은 그들만의 독특성을 가지고 있다. 토굴처럼 생긴 선사시대 주거지부터 읍성의 형태를 한, 흙으로 쌓은 토성土城까지 다른 DMZ 접경지역에서는 볼 수 없는 것들이기 때문이다.

군탄리 바위그늘유적,
철원의 시작

군탄리 바위그늘유적지는 철원 사람들에게도 많이 알려진 곳이 아니다. 그것은 마을 한쪽 귀퉁이에, 산이라고 하기보다는 야트막한 언덕처럼 보이는 작은 산줄기가 뻗어 나온 산자락 아래에 자리를 잡고 있다. 마치 동물의 꼬리처럼 둥그렇게 뭉쳐 있는 산자락 아래 움푹 패어 들어간 바위 밑, 강가를 내려다보이는 곳에 동굴이 있다. 지금은 수풀이 무성하고 동굴 바닥은 모래로 뒤덮여 있다. 하지만 언뜻 보기에도 어른 7~8명이 충분히 몸을 누일 수 있는 정도의 굴이다. 굴 앞쪽 오른편으로는 다리가 있고 그 아래로는 개울이 흐르고 있다.

하지만 이곳이 선사시대의 주거지였을 것으로 추정하는 까닭은 동굴의 크기뿐만 아니라 출토된 4점의 빗살무늬토기 조각 때문이다. 출토된 유물로 보았을 때, 그들은 아마도 철원에서의 삶을 개척한 고대인들 가운데 하나였을 것이다. 옛날에 이곳에 살았던 고대인들은 비바람이나 야수들의 습격을 피해 이 바위굴에서 쉬거나 잠을 자고, 바로 앞의 개울에서 물고기를 잡고 근처 숲에서 열매를 따면서 먹거리를 구했을 것이다.

그래서일까. 이곳의 동굴 안쪽은 모래에 파묻혀 집터인지도 모를 정도로 볼품이 없지만, 마을 사람들은 이곳에서 신묘한 기운을 느끼는 듯하다. 마을 사람은 해마다 이곳에 모여 이 동굴을 제사장祭祀場 터로 삼아 '동제洞祭'를 지냈다고 한다. 그런데 동제의 기원에 얽힌 이야기가 사뭇 예사롭지 않다.

동제를 지내기 전, 그 옛날 군탄리에는 까닭을 알 수 없는 죽음이나 사고가 잦았다. 이에 마을 사람들은 이 문제를 해결하기 위해 신성한 기운을 느낄 수 있는 이곳에서 마을을 지켜주는 수호신에게 제사를 지내기로 했다. 그러자 마을에 더 이상의 변고가 일어나지 않았고, 그 후, 마을 사람들은 해마다 이곳에서 마을의

바위그늘유적

안녕과 평온을 기원하는 제사를 지내게 되었다고 한다.

　아마도 지금은 이름도 형체도 알 수 없는, 이곳에 처음 인간의 삶을 일군 이들의 자취에 대한 후손들의 상상력이 만들어낸 이야기일 것이다. 하지만 분명한 것은 지금 이곳에서 사는 후손들의 삶은 먼 옛날 여기서 삶을 개척했던 이들의 삶으로부터 시작되었다는 것이다. 처음에는 매우 척박하였을 이곳에서 그들은 자연과 더불어 살아가는 길을 찾으며 마을을 가꾸기 시작했을 것이고, 후손은 그런 터전을 이어받아 다시 또 그들만의 삶을 만들어갔을 것이다. 그렇기에 동제에는 오랜 시간의 무게에도 불구하고 사라지지 않고 남은 역사, 그리고 이전에 철원에 살았던 이들에 대한 유대와 경외의 정서가 담겨 있는 것인지도 모른다.

철원 지석묘군,
비옥한 땅에 선 권력

군탄리 바위그늘유적지를 지나 김화읍 쪽으로 차를 돌려 산을 넘으면 산 아래로 너른 대지가 펼쳐진다. 그리고 그 대지 왼쪽으로 옹기종기 집들이 모여 있는 마을이 한눈에 들어온다. 이 마을 안쪽으로 들어가면 고인돌 두 기를 만날 수 있다. '지석묘支石墓(dolmen)'라고도 불리는 고인돌은 선사시대의 권력 규모를 보여주는 대표적인 유물이다.

토성리에서 출토된 고인돌은 모두 7기로, '한 무리'를 이루고 있었다. 일곱 기의 고인돌은 마을 앞쪽을 흐르는 화강을 따라 일정한 간격을 두고 순차적으로 조성되어 있었다고 한다. 하지만 현재 우리가 토성리에서 볼 수 있는 고인돌은 2기뿐이다.

철원 지석묘 1호

철원 지석묘 4호

하나는 초등학교를 지나 토성리 마을 한복판으로 들어가면 중심부에 있다. 덮개돌의 길이가 4.10m에, 너비가 3.08m에 이를 정도로 매우 크다. 다른 하나는 이곳을 지나 계속해서 직진해 가면 마을로부터 약 1km 떨어진 축사 뒤편 밭 가운데 있다. 덮개돌의 길이가 2.38m에, 너비가 2.27m로, 앞의 고인돌에 비해 크기는 작지만, 두께는 더 두껍다.

그런데 흥미로운 것은 마을 가운데 있는 고인돌의 공식 명칭이 '토성리 제1호 고인돌'인 반면 마을 뒤편 고인돌의 공식 명칭이 '토성리 제4호 고인돌'이라는 점이다. 이것은 이곳의 고인돌이 화강을 따라 늘어선 7기의 고인돌 중 제1호와 제4호에 해당하는 고인돌이라는 것을 의미한다. 따라서 이들 이름은 2, 3호와 5, 6, 7호가 유실되었음을 간접적으로 보여준다.

고인돌은 청동기 시대의 대표적인 유물로, 원래 경제적인 부와 정치권력을 거머쥐고 있었던 권력자가 죽은 후, 그 시신을 안치한 거대 석조 구조물이다. 고인돌은 죽은 권력자를 추모하는 것도 있지만 그 지역에 사는 다른 집단에 자신들의 권력을 과시하는 의미도 있다. 따라서 이곳에 7기의 고인돌 군群이 조성되었다는 것은, 일시적인 지배에 머물지 않고 세대를 이어 비교적 장시간 이 지역을 지배하는 권력 집단이 존재하였다는 것을 의미한다. 또한, 그렇기에 고인돌은 지배자들이 가진 권력의 크기와 함께 그들이 번창할 수 있는 지리-생태적 입지 조건을 갖춘 곳이라는 점을 보여준다.

철원 갈말읍 토성,
화강의 젖줄을 따라 번창한 읍성

마을에서 나와 다시 너른 논밭이 있는 대지로 들어가면 화강을 한쪽에 낀 높

오른쪽 둑처럼 보이는 곳이 토성이다.

이 6m의 둑이 마을을 향해 수직 방향으로 약 150m 정도 뻗어 나와 있는 것을 볼 수 있다. 하지만 이것은 둑이 아니라 '토성土城'의 잔해다. 마을을 향해 길게 뻗은 둑은 마지막 지점에서 갑자기 마을 반대 방향으로 90도 각도를 틀어 약 10m 정도 이어진 다음 끊어지고 그 앞으로는 논밭이 펼쳐진다. 그렇기에 이것은 원래 토성이 이 방향으로 길게 늘어서 있다는 것을 방증한다.

실제로 이것은 백제의 읍성邑城처럼 넓은 대지에 자리 잡은 마을을 보호하기 위해 쌓은 성벽이었다. 원래는 화강을 한쪽 면으로 해서 서쪽과 남쪽, 동쪽을 이어 존재하였는데, 성벽 안의 대지는 2,500m², 둘레가 1km에 이르렀을 것으로 추정된다. 또한, 성벽의 규모도 매우 거대하였다. 높이는 9m, 성벽 위의 폭은 4m, 성벽 아래쪽 폭은 9m에 이를 정도였다. 하지만 이들 삼면의 성벽 중에서 지금까지 남아 있는 것은 서쪽 벽 약 150m, 남쪽 벽 10m 정도다.

게다가 성벽의 높이도 지금은 5~6m 정도로 낮아졌다. 물론 여기에는 세월의 탓도 있을 것이다. 하지만 1970년대 초, 새마을운동 차원에서 벌어진 객토 사업으로 인해 토성을 허물어 논밭을 만든 것이 영향을 미쳤다는 것 또한 사실이다. 객토란, 농작물의 생산성이 떨어지는 농경지의 생산성을 높이기 위해 다른 곳으

철원토성

로부터 흙을 가져다 넣는 일을 말한다. 참으로 배고파서 어리석었던 시절에 낳은
참극이 아닐 수 없다.

지금도 이 토성에는 다음과 같은 유래를 알 수 없는 이야기가 남아 떠돌고 있
다. 이야기에 따르면 '철원 갈말읍 토성'은 인조 14년인 1636년 병자호란 당시
청나라 장수 마부대와 용골대가 평안관찰사 홍명구洪命耆(1596~1637)와 병마절도
사 유림柳琳(1581~1643)에게 포위되어 공격당하자 여기에 진을 치면서 하루 만에
쌓았다는 것이다. 하지만 이것은 나중에 만들어진 이야기가 분명하다.

철원 갈말읍 토성은 화강을 한쪽 면으로 하면서 넓은 평야를 중심으로 세 개
의 면을 사각형 형태로 쌓아 올린 평지성平地城이다. 또한, 철원 갈말읍 토성은 외
적의 침입에 대비하여 험준한 산에 쌓은 산성과 달리, 이곳에 사는 사람들과 거주
지역을 보호하기 위해 만든 '읍성邑城'이다. 즉, 사람들의 일상생활이 이루어지는
집단 거주지인 셈이다.

그러므로 읍성을 조성해 자신들의 번영을 꾀한 이들보다 앞서 고대인들의 삶
이 이곳에서 이어졌다는 것은 의심의 여지가 없다. 시냇은 사라졌지만 화강 수변
의 지석묘군과 함께 토성 성내에서는 민무늬토기와 석기류 등 선사시대의 유물

들이 종종 출토되었다는 것은 이곳에 터를 잡은 사람들의 삶이 이미 오래 전에 시작되었으며 그 기원은 선사시대로 거슬러 올라간다는 것을 의미한다.

화강,
아름다운 강에 얽힌 일제의 폭력

지석묘군의 존재 및 지석묘의 크기와 규모, 토성의 존재는 이곳에 자리를 잡고 역사를 만들어온 집단이 결코 작지 않았음을 증명하고 있다. 하지만 이런 번성은 화강花江이 그들의 땅을 비옥하게 적셔 주었기 때문에 가능하였을 것이다. 이곳에 자리를 잡은 이들은 화강에서 물고기를 잡고 거기에서 물을 끌어와 대지를 적시고 곡식을 살찌웠을 것이다. 그래서 화강은 아름답기만 한 강이 아니라 사람들에게 '젖줄'로 통하는 풍요의 수로이기도 하였다.

화강은 북쪽의 김화군에 있는 해발 642m의 수리봉에서 발원하여 DMZ를 가로질러 갈말읍 토성리 앞으로 흘러와 김화읍 정연리亭淵里에서 한탄강으로 흘러들어가는 철원의 대표적인 강이다. 하지만 오랜 세월 철원의 대지에 영양을 공급하였던 화강에도 사람들의 슬픈 역사에 얽힌 아픈 기억이 있다.

2009년 이전까지만 하더라도 이 강의 이름은 '남대천南大川'이었다. 남대천은 글자 그대로 읽으면 '남쪽의 큰 하천'이란 뜻이다. 하지만 그것은 외형일 뿐이다. 기이하게도 남대천은 한반도 곳곳에 있다. 도대체 왜 한반도에는 남대천이 이렇게 많은 것일까? 그것은 바로 일왕日王이 있는 궁궐을 향해 남쪽으로 흐르는 강을 남대천이라고 불렀기 때문이다. 그러므로 남대천은 일본 제국주의가 '내선일체內鮮一體'를 위해 마구잡이로 헤집어 놓은 폭력의 산물이기도 하다.

화강은 그저 화강일 뿐이다. 일왕과는 아무런 관계가 없으며 그쪽으로 흐르지

화강

도 않는다. 그것은 오직 이곳의 대지를 따라 흐르며 생명수를 제공할 뿐이다. 오랜 세월 화강은 남대천이란 이름으로 일본 제국주의자들의 지리적 상징화 작업에 의해 강제되고 속박되었다. 그렇기에 아직도 한반도 곳곳에 남아 있는 무수한 '남대천'들처럼 화강도 상처를 받았다.

　하지만 2009년 김화읍장 이의현은 본래의 이름을 되찾기 위한 행동을 시작하였고, 자신의 이름을 되찾은 강은 비로소 '꽃처럼 흐르는 강'이 되었다. 일제에 의해 난 상처가 난 화강도 그렇게 치유되었다. 너른 들판의 한쪽 산 아래를 흐르는 맑고 깨끗한 강은 현란하지 않지만 잔잔하면서 깊은 아름다움이 있다. 그래서 화강은 본래의 자기를 회복하고, 이곳 사람들의 삶의 터전이자 미적 대상으로 자리 잡았다.

철원 충렬사지,
병자호란 2대 승첩에 관한 기억

금강산을 사랑했던 겸재 정선謙齋 鄭敾(1676~1759)은 철원을 거쳐 금강산을 가는 길에 정자연과 삼부연폭포를 화폭에 담았으며 「화강백전花江栢田」이라는 그림도 그렸다. 하지만 겸재의 그림에 등장하는 '화강'은 토성리의 화강이 아니다. 여기에서 '화강'은 당시 김화의 지명이었으며, '백전栢田'은 김화에 있던 잣나무 숲과 그 일대 밭을 가리킨다. 아마도 정선은 잣나무 숲에서 지난날 아픈 역사를 떠올리고 그 기억 때문에 그곳을 그냥 지나칠 수 없었을지도 모른다.

정선이 그린 「화강백전」에 등장하는 지역은 병자호란 당시, 2대 승첩의 하나로 불렸던 '김화대첩金化大捷' 또는 '백전대첩栢田大捷'이 벌어졌던 전장戰場 터였다 (다른 하나의 승첩은 '용인 광교산 전투'다. 출처=디지털철원문화대전). 병자호란은 조선 왕조가 일본 제국주의에 의해 멸망하기 전, 유일하게 임금이 항복 의식을 치렀던 전쟁으로, 조선군의 승전이 거의 없었던 전쟁이다. 당시 지배층이었던 조선의 사

충렬사

대부들은 명明과의 의리를 내세워 청淸에 대항하였다.

게다가 그들은 어느 쪽 편을 들지 않고, 명–청과의 등거리 외교를 통해서 평화를 유지하려 하였던 광해군에게 대항해 역성혁명을 일으키고, 그를 몰아내고 인조를 새로운 임금으로 앉혔다. 임금이 된 인조와 그를 옹립한 서인들은 명을 숭상하고 청을 배척하였고, 결국 청의 침략을 불러왔다. 하지만 임진왜란 당시에도 그랬듯이 그들은 청의 침략을 막아낼 방책도, 군사력도 가지고 있지 않았다.

유학의 본고장인 중국에 대한 사대事大의 예와 명에 대한 의리를 내세우던 사대부들은 막상 전쟁이 나자 너무나도 무기력하게 그들이 내세운 왕과 함께 남한산성으로 도망을 갔다. 청의 침략에 맞서 조국의 강토를 지킨 사람들은 중앙정치에서 권력을 누린 사람들이 아니었다. 철원군 김화읍 생창리에 있는 '충렬사忠烈祠'는 바로 이와 같은 기억을 담고 있다.

충렬사는 '김화대첩' 또는 '백전대첩'의 주인공인 평안도관찰사 홍명구와 평안도병마절도사 유림 장군의 위패를 모신 사당이다. 두 사람은 모두 다 당시 몰려오는 청의 침략에 맞서 싸웠으나 그 운명은 서로 완전 딴판이었다. 문관이었던 홍명구는 평지에 진을 치고 백병전을 선택하였는데, 이 싸움에서 중과부적으로 장렬하게 전사하고 말았다.

하지만 무관이었던 유림은 '백전' 고지에 진을 치고 올라오는 적을 치는 지리적 이점을 이용한 전투를 선택하였고, 결국 승리를 거두었다. 그는 고지에서 올라오는 적군을 향해 총포와 화살을 날렸고, 당시 청군의 지휘관이었던 청 태종의 매부인 야빈대청을 사살하는 전공을 올렸다.

장수를 잃은 청군은 패퇴하기 시작하였고, 그들은 여기서 갈말읍 토성까지 후퇴하였다. 갈말읍 토성을 쌓았다는 전설은, 그래서 틀린 이야기이지만 아예 근거가 없는 것도 아니다. 이 이야기는 당시 패해서 후퇴하던 칭나라 군대의 긴박한 순간을 보여주기 때문이다. 이곳에서 대승한 유림은 남한산성에 포위된 임금을 구하기 위해 다시 길을 재촉하였다.

하지만 가평에 이르렀을 즈음, 항복 소식을 접하게 되었고 전쟁은 허망하게 끝났다. 그 뒤 김화 현령 이휘조李徽祚는 전사자들의 시신을 수습해 임시로 매장假埋葬하였다. 그리고 뒤에 이곳의 현감으로 온 안응창安應昌이 이들을 북쪽 계곡에 이장하였는데, 그곳이 바로 '전골총戰骨塚'이다.

현재 김화백전지와 전골총이 어디인지에 대해서는 논란이 있다. 그렇더라도 분명한 사실은 이 땅을 지킨 이들도, 그들의 희생을 애도하고 위로한 사람들도 권력을 지닌 자들이 아니라 모두 낮은 곳에서 삶을 함께 했던 사람들이라는 점이다. 충렬사에는 '홍명구충렬비洪命耈忠烈碑'와 '유림대첩비柳琳大捷碑'가 있다. 하지만 이들 비 곳곳에는 총탄 자국이 남아 있다. 한국전쟁의 흔적이다.

현재의 충렬사 또한 한국전쟁 당시 완전히 소실되었던 것을 다시 세운 것이다. 그렇게 역사는 지속되고 있다. 권력자들이 전쟁을 일으켜 파괴하고 헤집은 황폐한 땅을 가장 낮은 곳에 깃들어 살아가는 아름다운 이들이 생명의 힘으로 치유하고, 다시 새로운 삶을 만들어가는 것이다. 그렇기에 이 땅과 강의 진정한 주인은 바로 이곳에서 함께 살아가는 민초를 포함한 자연의 뭇 생명일 것이다.

철원의 선사 유물

군탄리 바위그늘유적을 보면 정말 볼품이 없다. 어디에나 있는 자연 동굴처럼 보이기 때문이다. 하지만 이곳이 주거지였음을 증명하는 것들이 있다. 바로 선사시대 유물들이다. 이곳에서는 4점의 빗살무늬토기 조각이 출토되었는데, 이것은 신석기를 대표하는 토기다. 한 점은 토기의 입술부 조각이고, 나머지 세 점은 토기의 몸통 부분에 해당하는 조각이다.

선사시대 사람들, 특히 구석기인들은 집을 짓지 못해 자연 동굴을 이용하기도 하였다. '바위그늘'은 커다란 바위 절벽 아래 그늘이 드리워진 것을 가리키는 말이다. 절벽의 갈라진 틈에 지하수가 침투해 석회암을 녹임으로써 만들어진 것도 있고, 풍화 작용으로 절벽이 붕괴하거나 오목하게 파여 형성된 것도 있으며, 하천이나 바다의 경우에는 물살이나 파도가 절벽을 깎아 형성된 것도 있다.

철원에서 출토된 유물들

우리나라에서는 철원의 갈말읍 군탄리 바위그늘유적 이외에도 충북 단양군 매포읍 상시리 바위그늘유적, 부산 북구 금곡동 율리바위그늘유적, 경북 청도군 운문면 오진리 바위그늘유적, 제주 조천읍 북촌리 바위그늘유적 등이 있다. 이들 유적에서는 구석기 시대의 것만이 아니라 신석기, 청동기, 철기, 심지어 삼국시대까지의 유물들이 출토되고 있다. 군탄리 바위그늘유적 뒤에는 산이 있고, 앞에는 개울이 있어서 살기에 좋아 구석기 시대부터 철기시대까지 사용한 것으로 추정하고 있다.

그러나 바위그늘유적은 국내외에서도 그 수가 많지 않아 희소한 편에 속한다는 사실을 안다면 이곳의 진가를 새롭게 볼 수 있을 것이다. 앞의 사진은 현재 철원에 살고있는 주민이 가지고 있는 유물들을 찍은 사진이다. 이것을 소장하고 있는 구술자의 이야기에 의하면 논과 밭 등을 개간할 때, 철원 곳곳에서 이와 같은 유물들이 나왔다고 한다. 철원 토성과 화강 옆에 있던 고인돌들도 모두 다 이렇게 유실되었을 것이다. 안타까운 이야기다. 먹고 살기 힘든 시절, 지나간 역사를 기억할 여유가 없었을 수도 있다. 하지만 이제는 이들 유물을 모아 작은 선사박물관이라도 지어야 하는 것이 아닐까 싶다.

충렬사의 두 기념비

홍명구는 장원 급제한 문관이었고, 유림은 무과에 급제한 무관이었다. 병자호란 당시 홍명구는 평안도관찰사를, 유림은 평안도병마절도사로 재직 중이었다. 둘은 적군이 남한산성을 포위하였다는 소식을 듣고 2,000명의 병력을 이끌고 남쪽으로 내려왔다. 그러던 중 철원 김화 지역에 이르러 적군과 마주쳤고 이곳에서 대규모 전투를 벌였다. 홍명구는 전사하였고, 유림은 살아남았다.

아래의 사진에서 보듯이 충렬사 왼쪽에 두 개의 비석이 있다. 이 비석은 '홍명구충렬비洪命耇忠烈碑'와 '유림대첩비柳琳大捷碑'이다. 그러나 이들이 원래부터 이곳에 함께 있었던 것은 아니다. 유림대첩비는 1644년 10월 김화 주민들에 의해 충렬사 앞에 세워졌으며 홍명구 충렬비는 홍명구가 전사한 9년 후인 1645년 5월

충렬사지의 비석

세워졌다. 1650년 효종은 홍명구가 전사한 곳에 사당을 세우고 현판을 하사해 사액賜額 사당이 되었다.

그러나 여기에는 유림이 처음부터 배향되었던 것은 아니다. 충장공 유림은 1940년 일제 식민지 시기 강화 유림의 합의로 이곳에 배향될 수 있었다. 유림대 첩비도 이 당시에 이곳으로 옮겨져 함께 하게 된 것으로 보인다. 현재의 건물은 한국전쟁 때 완전히 파괴된 것을 1975년에 재건한 것이다. 제향祭享은 매년 음력 2월과 8월에 하고 있다.

그렇다면 왜 이렇게 유림의 배향은 오랜 시간이 걸렸던 것일까? 당시 조선의 권력을 잡은 자들은 실리 외교를 폈던 광해군을 몰아내고 들어선 인조반정의 주 체들이었다. 이들은 명에 대한 의리를 내세워 청을 배척했지만 병자호란 때 속수 무책으로 당했고, 인조가 세 번이나 머리를 조아리는 '삼전도의 굴욕'을 겪었다. 그럼에도 무능한 권력은 배수진을 친 홍명구와 달리 승전을 했던 유림을 문책하 라고 요구했다.

> "사헌부가 아뢰었다. 유림은 안주에 있을 때도 틀어박혀 있으면서 적의 선봉을 편안하게 보내고, 성문 밖으로는 한 발자국도 나와 대항하지 않 았고 … 김화 싸움에서도 형세가 좋은 곳을 먼저 점거한 채 홍명구 감 사와 합세하지 않아 그의 죽음을 좌시하고 구원하지 않았으니 잡아다가 국문하여 정죄하소서."
>
> (『인조실록』 1637년 윤4월 11일)

그렇기에 충렬사의 주인은 오직 홍명구만이 차지하고 바로 앞에 있었던 '유림 대첩비柳琳大捷碑'의 주인공은 충렬사에 배향되지 못했다. 물론 관찰사 홍명구의 죽음이 의미가 없다고 할 수는 없다. 하지만 그는 청군에 의해 몰살당한 전투의 희생자였던 반면 유림은 대승을 이끈 장수였다.

관찰사였던 홍명구는 산으로 연결되는 언덕에 주둔했다. 반면 병마절도사였던 유림은 4면이 완전히 분리된 언덕 위에 자리를 잡고 목책을 세웠다. 그리고 평지에서 맞서 싸운 홍명구는 패하였지만, 지형적 이점을 고려한 유림은 승리하였다.

청의 기병은 평지에서 파죽지세로 조선군을 무찔렀지만, 유림이 포진한 곳은, 잣나무 숲에서 싸워 '김화 백전 전투'라고 부르듯이 잣나무가 우거진 곳이자 언덕 위로, 기병의 돌파가 쉽지 않았다. 여기에 목책까지 있어서 더욱더 어려웠을 것이다. 따라서 이들의 운명과 승패를 가른 것은 장수의 전략적 선택과 전술이었다. 그렇기에 지도자에게는 사자의 가슴만이 아니라 여우의 머리도 필요한 것이다.

02 _____

한반도 중부의 역사가
바위와 물길 위에
새겨지다

| 소이산 – 정자연 – 칠만암 – 직탕폭포 – 송대소 주상절리 – 한반도 지형 전망대 – 승일교 – 고석정 – 순담계곡

소이산, 철원–평강고원을 만들어낸 오리산을 보다
정자연, 혼탁한 세상에 맑은 영혼을 꿈꾸며 은거하다
칠만암, 장군의 비극적 운명이 슬픈 전설을 만들다
직탕폭포, 수직의 물보라가 절경을 만들다
송대소 주상절리, 거센 물길을 품는 연못이 짙은 비취색으로 빛나다
한반도 지형전망대, 한탄강 물줄기가 빚어낸 분단의 상처를 본다
고석정, 우뚝 솟은 장군화에 임꺽정의 전설이 덧붙여지다
승일교, 분단의 산물이 사람들의 염원을 담아 통일의 상상이 되다
순담계곡, 한탄강은 북에서 남으로 흐른다

한반도의 중부에는 넓은 평야가 펼쳐져 있다. 하지만 이 평야는 하나로 이어지지 못하고 있다. 철원의 소이산에 올라서 내려다보면 철원평야가 군사분계선 너머 저 멀리 북쪽으로 이어져 있는 것을 확인할 수 있다. 평강고원이다. '철원-평강 용암대지'는 지질학적으로 같은 자연사의 산물이다. 그렇기에 한탄강을 굽이쳐 흐르는 강줄기도 군사분계선 너머 저 멀리 북쪽에 있는 강원도 평강군 장암산에서 시작된다. 아마도 먼 옛날 이 땅으로 들어와 자리를 잡은 우리 조상들에게 철원-평강 용암대지와 한탄강은 한반도 중부를 만들어낸 하나의 삶의 터전이자 강줄기였으리라.

실제로 한반도의 살과 피를 이루는 대지와 강줄기는 남북뿐만 아니라 거기에 자리를 잡은 인간과 뭇 생명을 차별 없이 먹이고 살찌웠다. 그래서 철원평야와 한탄강은 남북 없이 오직 하나이며 하나의 의미를 가진다는 것, 그리하여 동식물을 포함하여 한반도에 속한 우리는 모두 자연이라는 하나의 존재에 속한다는 것, 그 속에 서로 연결된 생태적 순환성 안에 속한 존재라는 것, 그것이 바로 철원의 땅과 바위에 새겨진 역사가 우리에게 들려주는 이야기인지도 모른다.

소이산,
철원-평강고원을 만들어낸 오리산을 보다

　철원이라는 곳의 역사를 보기 위해서는 무엇보다도 휴전선이라는 경계 너머 북쪽을 보아야 한다. 철원의 노동당사 앞에는 자그마한 크기의 '소이산'이 있다. 그런데 이 작은 소이산에 올라 북쪽을 바라보면 군사분계선을 가로질러 저 멀리 북쪽으로 펼쳐진 평강고원이 눈에 들어온다. 소이산에서 평강고원을 바라보면 오른쪽에 낙타의 등처럼 두 개의 봉우리가 불쑥 솟아오른 고지가 있다. 해발 432.3m의 낙타고지다.

　낙타고지에서 그 옆을 따라 다시 평강고원 오른쪽을 보면 동네 뒤편의 야트막한 동산, 또는 언덕처럼 보이는 동그란 봉우리를 만날 수 있다. 그것이 바로 오늘날의 평강고원과 철원평야를 만들어낸, 철원-평강 용암대지의 분화구가 있는 오리산鴨山이다. 산의 높이는 해발 452.5m에 불과하다. 그리고 낙타고지와 오리산 사이 뒤편으로 멀리 높이 솟아오른 산이 있다. 그것이 바로 한탄강의 발원지인 장

소이산에서 내려다본 평강고원

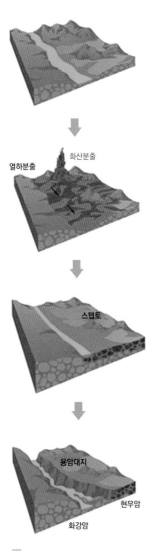

열하분출

화산분출

스텝토

용암대지

현무암

화강암

—
철원 용암대지와 스텝토, 한탕강 협곡의
형성과정(ⓒ 철원군청 한탄강지질공원)

암산이다. 산의 높이가 무려 1,052m에 이른
다. 이 거대한 '장암산'이 아니라 작은 '오리산'
이 방대한 철원-평강대지를 만들어냈다는 것
은 아이러니해 보일 수 있다.

하지만 역사가 들려주는 이야기는 그렇지
않다. 사람들은 '오리산'을 '한반도의 배꼽'이
라고 부른다. 이것은 아마도 한반도의 중부지
역을 만들어낸 용암의 분출구가 '오리산의 분
화구'이기 때문일 것이다. 지금도 위성 지도
로 보면 북한의 강원도 평강시 근처에는 지름
150m에, 깊이 20m인 작은 분화구가 있는 것
을 확인할 수 있다. 논란의 여지는 있지만, 오
늘날 철원평야와 한탄강을 만들어낸 화산 분
출이 있었던 것은, 대략 약 200만~1만 년 전
인 신생대 제4기 홍적세洪積世, 그중에서도 50
만 년에서 13만 년 사이에 이루어진 10회 이
상의 화산 폭발일 것으로 추정되고 있다.

화산이 폭발한 지점은 검불랑역劍拂浪驛 북
동쪽 약 4km 지점에 있는 '680고지'와 그로부
터 21km 떨어진 평강군 평강 시가지 서남쪽
3km 지점에 있는 '오리산', 두 곳이라고 한다.
오리산 분화구를 통해서 쏟아져 나온 용암은
북동쪽으로는 추가령을 넘어 함경남도 안변까
지 흘러갔고, 서남쪽으로는 임진강 하류인 파

주 파평면 율곡리까지 흘러갔다. 지축을 뒤흔드는 굉음과 함께 하늘로 솟아오른 오리산의 마그마는 분화구를 타고 넘쳐 흘러내리면서 대지 곳곳으로 꾸물꾸물 치달았을 것이다.

마그마는 달라붙는 점성粘性이 있다. 하지만 오리산의 용암은 백두산이나 한라산의 용암보다 점성이 더 낮아 더 빠르게, 더 멀리까지 흘러갔을 것이다. 오리산에서 가까운 곳일수록 그 위에 쌓이는 용암은 더 많았을 것이다. 그리고 그만큼 대지의 높이는 올라갔다. 반면 오리산에서 멀어질수록 대지 위에 쌓이는 용암은 적었을 것이다. 게다가 공기에 노출된 용암은 뜨거운 열을 식히며 굳어간다. 그렇기에 가까운 곳일수록 더 빨리 식었고, 그 위로 쌓여가는 용암의 양도 늘어났을 것이다. 그래서 위의 사진이 보여주는 형태의 지형이 형성되었다.

오리산 주변에는 용암이 쌓여 지표면이 올라가 높이 140m에 불과한 나지막한 산이 되었다. 또한, 평강고원에서는 약 330m 높이였던 해발고도는, 철원의 민통선 부근에서 약 220m, 지포리에서 약 150m, 전곡에서 그것의 절반인 약 60m

철원 용암대지 일대의 지질단면도(© 철원군청 한탄강지질공원)

로 낮아지다가 급기야 문산에서는 2~3m로 평탄해진다. 모든 것을 녹이는 뜨거운 용암은 옛 한탄강의 물길을 덮고 지류로 역류하여 흐르는가 하면, 주변의 지표면을 높여 커다란 용암호를 만들었다. 연천읍 고문리에 있는 재인폭포를 비롯해 한탄강의 절경은 이렇게 탄생하였다.

또한 온도가 높고 유동성이 큰 현무암질 용암(basaltic lava, 금속 산화물들이 많이 들어 있는 용암)은 빠르게 식으면서 화강암花崗巖으로 이루어진 철원의 대지를 덮으면서 깎아지른 절벽과 같은 주상절리와 동굴, 굽이쳐 흐르는 협곡을 만들어냈다. 그 위로 다시 비가 내리고 강줄기가 나면서 화강암보다 부서지기 쉬운 현무암이 먼저 깎였고, 그 파인 곳으로 더 많은 물이 흐르면서 지금과 같은 한탄강의 협곡이 만들어졌다. 아울러 대지의 젖줄인 물길을 따라 나무와 풀이 자라고 동물이 찾아들었고 생명의 터전이 되었다. 한탄강은 2020년 7월 7일, 대한민국에서는 4번째이자 강으로는 처음 유네스코에 등재된 세계지질공원이 되었다.

정자연,
혼탁한 세상에 맑은 영혼을 꿈꾸며 은거하다

철원의 절경인 협곡은 민간인 통제구역 안의 정자연亭子淵에서 시작된다. 정자연의 수려한 경관은 한탄강과 현무암 주상절리 절벽이 어우러져 만들어낸 것이다. 수직으로 발달한 현무암 절벽은 굽어 흐르는 한탄강을 병풍처럼 에워싸고 있다. '오리탄'(5리 여울) 혹은 '칠리탄'(7리 여울)이라 불리는 수직 암벽 절벽은 강물을 따라 2~3km 길게 펼쳐져 있다. 절벽 위로는 나무가 줄지어 서 있다. 조선의 3대 화가이자 진경산수화의 대가인 겸재 정선謙齋 鄭歚 (1676~1759)은 금강산 가는 길에 이곳의 풍광에 마음을 빼앗겨 「정자연도亭子淵圖」를 그렸다.

정자연에서 바라본 한탄강 줄기

하지만 정자연에 마음을 빼앗긴 것은 정선만이 아니다. 그 전에 황씨 촌의 시조였던 황근중黃謹中(1560~1633)이 있었다. 월담月潭 즉, '달의 연못'이라는 그의 호가 보여주듯이 황근중은 인조반정으로 광해군이 폐위되자 관찰사를 그만두고 고향인 이곳으로 내려와 정자亭子를 세웠다. 그리고 그 이름을 '창랑정滄浪亭'이라고 지었다. 정자의 이름이 된 '창랑滄浪'은 굴원이 쓴 「어부사漁父詞」의 한 대목에서 왔다.

굴원은 "창랑의 물이 맑으면 내 갓끈을 빨 것이요, 창랑의 물이 흐리면 내 발 씻으리라"라고 읊었다. 굴원이 누구인가? 중국 전국시대의 관료이자 시인으로, 초나라 회왕의 측근이었으나 궁정 암투와 권력 투쟁으로 밀려나 세상의 혼탁함을 탓하고 맑고 맑은 멱라강에 투신해 죽었다고 믿었던 사람, 아닌가? 아마도 어지러운 세태를 한탄하다가 멱라강 맑은 물길에 몸을 던진 굴원처럼 그 또한, 이곳의 깎아지른 바위와 그 사이로 맑은 물길이 흐르는 한탄강 협곡에 은거함으로써 자신의 깨끗한 영혼을 돌보고자 했던 것인지도 모른다.

칠만암
장군의 비극적 운명이 슬픈 전설을 만들다

정자연을 지나 협곡을 타고 흐르는 한탄강을 따라 내려오다 보면 철원 출신의 장군, 김응하金應河(1580~1619)에 얽힌 전설이 내려오는 '칠만암七萬巖'이 있다. 칠만암은, '칠만 개의 바위'라는 명칭처럼 협곡 아래 강가에 크고 작은 바위들이 넓게 흩어져 있는 곳이다. 하지만 이곳의 바위들은 한탄강 주변에서 흔히 볼 수 있는 구멍이 숭숭 뚫린 현무암이 아니다. 오히려 매끈한 표면을 한 매우 단단해 보이는 바위들이다. 강도가 약한 현무암이 거센 물결에 깎여 나간 뒤, 그 아래에 있었던 단단한 화강암이 세찬 물길을 견디고 남아서 드러난 것이다.

그래서일까? 이곳의 옛사람들은 화강암 바위 무더기에서 후금後金 정벌에 나섰다가 죽은 김응하 장군을 떠올렸다. 만주의 누르하치가 후금을 세우고 명明을 침략하자, 명나라는 조선에 원군을 요청한다. 이에 광해군은 1619년 도원수 강홍

칠만암

립弘立을 원수로 하여 파병하면서 싸우는 척만 하고 투항하라고 일러두었다. 그러나 김응하는 전투에서 패배해 전사했고, 김홍립은 후금에 투항했다. 1620년 명나라 신종神宗은 김응하를 요동백遼東伯으로, 조선 조정은 영의정에 봉했다.

광해군의 실리 외교에 대한 평가가 무엇이든 간에 칠만암에는 김응하에 관한 전설이 남아있다. 무과에 급제하기 전 그는 이곳에서 무예를 닦았다. 하루는 자신의 말을 시험하기 위해 그는 화살을 쏜 후, 말이 달려가 입으로 화살을 받도록 하였다. 화살을 쏜 후, 그는 말이 달려간 곳으로 갔다. 하지만 화살이 없었다. 그러자 그는 단칼에 말의 목을 쳤다. 그런데 말을 죽인 후에 화살이 날아와 말의 엉덩이에 꽂혔다. 그는 뒤늦게 후회하였다. 마찬가지로, 조선은 '의리'를 내세워 명에 충성하였고, 병자호란으로 삼전도의 굴욕을 겪었다. 하지만 이미 때늦은 후회였다.

직탕폭포,
수직의 물보라가 절경을 만들다

칠만암을 지나는 한탄강이 만들어낸 기기묘묘함은 또 하나의 절경, '직탕폭포直湯瀑布'를 빚어내었다. '직탕'폭포의 애초 이름은 강물이 수직直으로 떨어지는 여울灘이라는 의미에서 '직탄直灘'이었다. 그러나 이후 '직탄'이 '직탕直湯'으로 바뀌면서 '직탕폭포'가 되었다. 한탄강의 거센 물줄기는 강도가 약한 현무암을 깎아내고 상대적으로 강한 암석들을 남김으로써 강 한가운데를 가로지르는 높이가 다른 지대를 만들어냈다. 이 낙차 때문에 강물은 더욱 강한 힘으로 아래쪽의 암석들을 깎아냄으로써 강 한가운데에 수직으로 솟아오른 절벽을 빚어낸 것이다.

직탕폭포는 우리가 흔히 보는 폭포들과 다르다. 일반적인 폭포는 폭이 좁고 높이가 긴 반면 직탕폭포는 높이 3~4m에 불과하지만, 너비는 70~80m에 이를

직탕폭포

정도로 횡으로 길게 늘어선 모습을 하고 있다. 한국의 '나이아가라'라고 불린다. 물론 나이아가라에 비할 수 없을 정도로 작다. 하지만 직탕폭포는 우리나라에서는 폭이 가장 넓은 폭포로, 보기 드문 독특함을 가지고 있다. 게다가 병풍처럼 길게 늘어선 바위 위에서 아래로 떨어지는 물길은 물보라를 일으키며 대지를 흔들고, 햇살이 화창한 날에는 위에서 떨어지는 물보라들이 만들어내는 무지개를 볼수도 있을 정도로 아름답다.

송대소 주상절리,
거센 물길을 품는 연못이 짙은 비취색으로 빛나다

직탕폭포를 지나 좀 더 남쪽으로 내려오다 보면 30m 높이의 위용을 자랑하며 깎아 세운 수직의 적벽, 송대소松臺沼가 있다. 협곡을 가로지르는 물길은 굽이쳐 거센 물결을 만들어내고, 이 물결에 부딪혀 현무암이 떨어져 나간 후, 정자연에서 본 것처럼 깎아지른 절벽이 만들어진다. 하지만 이곳의 적벽들은 정자연의 병풍처럼 늘어선 '칠리탄'이 아니다. 오히려 강물을 사이에 두고 동서남북 사면을 둘러싸고 서 있다. 그렇기에 이들 사면의 적벽은 한탄강의 거대한 물줄기를 쓸어 담고 있는 거대한 그릇처럼 보인다.

여기까지 세차게 달려온 강물은 송대소라는 거대한 그릇에 자신을 맡기고 잠시 가는 길을 멈춘다. 성난 물줄기를 품에 안아 잠재운 송대소의 강물은 높이 솟은 절벽보다 더 깊어 보이는 짙은 비취색을 자랑한다. 깊이를 알 수 없는 연못에

송대소 주상절리

이야기가 없을리 없다. 송대소에는 다음과 같은 이야기가 전해진다.

옛날에 송도松都, 즉 현재의 개성에서 살고 있었던 3형제가 이곳에 왔다가 둘은 이무기에 물려 죽고 말았다. 살아남은 나머지 한 사람은 원수를 갚기 위해 절치부심하였고 마침내 이무기를 잡아 죽였다고 한다. 사람들은 그를 '송도포松都浦'라고 불렀고, 그것이 변해 '송대소'가 되었다는 것이다. 한탄강의 거센 강물을 잠재우듯한 곳에 쓸어 담고 있는 송대소가 너무나 깊어 보여 옛사람은 두렵고도 신령스러운 곳, 용龍이 되기를 기다리는 이무기가 사는 곳이라고 상상하였는지도 모른다.

한반도 지형전망대,
한탄강 물줄기가 빚어낸 분단의 상처를 본다

한반도지형전망대
가운데 굽어지는 곳에 돌들이 물살을 막아서면서
분단선을 보여주고 있다.

한반도지형전망대는 철원 한탄강 한여울길 1코스의 마당바위와 송대소松臺沼 사이 구간에 있다. 한탄강 서쪽에 있는 전망대에서 남쪽을 바라보면, S자로 굽어 도는 한탄강의 곡류가 마치 한반도 지형처럼 보인다. 그런데 협곡의 굴곡만 한반도 모양의 지형을 만들어내는 것은 아니다. 남쪽의 서해안지역으로 보이는 곳에는 강바닥의 무수한 돌들이 흩어져 있어서 마치 다도해의 수없이 많은 섬을 그려내고 있는 듯하다.

하지만 그보다 더 독특한 것은 한반

도의 허리를 가로지르는 화강암 바위들로 이루어진 암석들의 띠다. 그것은 마치 휴전선 일대의 비무장 지역을 형상화하듯이 남북을 두 동강 내고 있다. 비록 한반도 모양의 협곡이 만들어낸 형상이지만, 그 두 동강 난 허리가 참으로 아프다. 그러나 그 아픔이 어쩌면 분단을 이겨내는 힘인지도 모른다. 이 땅의 삶을 가꾸어 온 사람들은 긴 시간 동안 이보다 더한 고통도 이겨내면서 이곳에서 자신의 삶을 꾸려왔다. 아마도 지금까지 겪고 있는 고통은 그것을 극복하고자 하는 의지의 표현일지도 모른다.

고석정,
우뚝 솟은 장군화에 임꺽정의 전설이 덧붙여지다

고석정孤石亭에는 고단한 민초의 삶에 얽힌 전설이 전해 내려온다. 고석정은 사람들이 생각하는 '정자亭子'를 일컫는 말이 아니다. 고석정은 한탄강 중류에 솟아오른 커다란 바위와 그곳의 풍광을 볼 수 있는 정자, 그리고 그 일대의 현무암 계곡 전체를 가리키는 명칭이다. 하지만 이곳의 압권은 가운데 우뚝 솟아오른 장화처럼 생긴 거대한 바위인 '장군화將軍靴'다.

이 장군화 봉우리 위쪽에는 어른 3~4명이 들어갈 수 있는 굴이 있고, 고석정을 끼고 흐르는 강 너머 산에는 임꺽정이 쌓았다는 '임거정성林巨正城'이 있다. 임꺽정林巨正은 이곳 장군화 봉우리 위쪽 굴에 은신해 있다가 관군이 습격하면 '꺽지'라는 물고기로 변해 한탄강 물속으로 숨어들었다고 한다. 그래서 사람들은 그의 이름을 '꺽지'의 '꺽'자를 따라 '임꺽정'이라고 불렀다고 한다. 임꺽정은 『조선왕조실록』에 몇 줄만 나올 뿐이다.

일제강점기 구원의 힘을 민중에서 찾고자 하였던 벽초 홍명희洪命憙(1888~1968)

고석정

임꺽정 조각상

는 임꺽정을 통해 민중의 모습을 묘사해냈다. 그는 각 신분이나 계층에 맞춰 정확히 그들이 구사하는 언어를 사용해 당시의 갈등과 시대상을 묘사했을 뿐만 아니라 다양한 욕망을 가진 인물의 군상들을 사실적으로 그려냈다. 그렇기에 당대에도 후대에도 그가 쓴 소설 『임꺽정』은 '약동하는 조선어의 대수해大樹海'(김남천)이자 '조선문학의 전통과 역사적 대작품'(이기영)이라는 찬사를 들었다.

승일교,
분단의 산물이 사람들의 염원을 담아 통일의 상상이 되다

기억은 우리가 서사화하는 방식에 따라 우리의 삶을 바꾼다. 철원은 위도상으로 38선 이북에 있었기 때문에 분단 당시에는 북쪽 지역이었다. 그러나 한국전

승일교 표지석

확대해서 바라 본 승일교 무수한 상처들이 보인다.

승일교의 야경
아래에서 비추는 조명이 아름답다.

쟁 이후 남쪽은 철원의 절반을 수복하였고, 현재 철원은 둘로 분단되었다. 철원에서 이런 역사를 가장 잘 보여주는 것은 '승일교承日橋'다. 해방 이후, 철원을 장악한 북은 1948년 당시 철원농업전문학교 토목과장 김명여를 시켜 '한탄교漢灘橋'를 건설하도록 하였다. 하지만 다리의 북쪽만 완성한 채, 한국진쟁으로 중단되었고 1952년 주한 미군 79공병대와 한국군 62공병대가 남쪽 교각과 보를 완성하였다. 그래서 다리 중간을 경계로 하여 건축 양식이 다르다.

북쪽의 아치는 남쪽보다 기둥이 많고 가늘며 기둥의 상부는 반원형 곡선이다. 반면 남쪽의 아치는 북쪽보다 기둥이 적고 굵으며 기둥의 상부는 둥근 네모 형태를 하고 있다. 이처럼 남북이 '함께' 만든 다리로는 승일교 외에 고성의 합축교가 있다. 하지만 이것은 남북 적대와 대립이 낳은 산물이다. 그런데도 사람들은 여기에 '함께'라는 의미를 부여하였다.

승일교는, 이승만의 '승'과 김일성의 '일'을 합쳐서 만든 이름이고, '합축'은 함께 만들었다는 뜻이다. 따라서 이것들은 분단의 산물이지만 남과 북의 사람들이 가지고 있는 통일에 대한 염원 때문에 그와 정반대의 의미를 지닌 이름을 가지게 되었다. 여기서 분단의 상처를 덧나게 하는 적대적 서사는 거꾸로 그것을 극복하고자 하는 서사로 전화된다. 그렇기에 분단의 상처는 이렇게 치유되는 것이 아닐까 싶다.

순담계곡,
한탄강은 북에서 남으로 흐른다

고석정에서 승일교를 지나 오른쪽으로 접어들면 마침내 현무암이 아니라 화강암이 빚어내는 절경을 간직한 순담계곡蓴潭溪谷이 나온다. 화산활동의 결과로 산이 별로 없고 너른 철원평야 사이를 흐르는 한탄강은 모든 생명의 젖줄이다. 물론 한탄강의 거침없는 물결은 이곳에서 멈추지 않는다. 그것은 철원을 지나 연천군 전곡읍 전곡리로 이어진다. 다른 지역들이 대부분 현무암인 데 반해, 철원평야를 흐르는 한탄강의 끝자락에 있는 순담계곡은 한탄강의 거센 물결이 굽이치면서 현무암을 깎아 만들어졌기 때문에 유독 뽀얀 화강암이 많다. 게다가 계곡에서

순담계곡

는 보기 힘든 하얀 모래밭도 있다.

　순담계곡은 물결이 세고 굴곡이 심할뿐더러 물결의 변화가 심해 많은 사람이 찾는 유명 래프팅 장소이기도 하다. 래프팅 배들은 승일교에서 출발하여 이곳에 도착하거나, 이곳에서 출발하여 군탄교까지 내려간다. 따라서 이곳은 이들 배의 중간 기착지라고 할 수 있다. 많은 사람들이 한탄강의 꾸불꾸불한 협곡과 주상절리, 그 가운데를 흐르는 거센 물살을 타고 출렁거리며 물밀듯이 달려가는 속도의 쾌감을 즐기기 위해 이곳을 찾는다.

　하지만 예나 지금이나 자연이 빚어내는 아름다움을 해치는 것은 정치든 경제든 권력을 가진 자들의 과도한 욕심이다. 일제강점기에 홍명희가 양반들이 아니라 민중에게서 희망을 찾았던 것은 이 때문이다. 하지만 민중은 지배자들을 순진하게 믿기에 이용당한다 그래서 그는 어리석고 못 배웠지만, 탐관오리들을 처벌하고, 그들의 재산을 빼앗아 굶주린 백성에게 나누어주었던 의적 임꺽정을 통해 민중 자신의 진짜 힘을 일깨우고자 하였던 것인지도 모른다.

직탕폭포와 두부침식

길게 늘어선 직탕폭포가 일으키는 물보라의 아름다움에 눈을 빼앗기는 사람들이
많다. 하지만 직탕폭포가 지금도 움직이는 폭포라는 것을 아는 사람은 많지 않다.
직탕폭포는 현재도 계속해서 뒤로 물러나는 과정 중에 있다. 이것은 강물에 의한
침식작용으로 돌이 계속 깎이면서 폭포의 위치가 강 상류로 이동하는 '두부침식
頭部浸蝕'이 일어나고 있기 때문이다.

'두부침식頭部浸蝕'이라고 하니까 어려운 말인 것 같지만 '두부'는 말 그대로 머
리부분이라는 뜻을 가진 한자 표기다. 따라서 두부침식은 폭포의 머리 부분이 강
물에 의해 끊임없이 깎이는 현상을 의미한다. 그림에서 보듯이 머리 부분이 조금
씩 깎이면서 폭포는 자꾸만 뒤로 후퇴하게 된다. 이처럼 두부침식이 일어나는 폭
포로는 직탕폭포 이외에도 철원의 매월대폭포와 포천의 비둘기낭폭포, 그리고 연
천의 재인폭포가 있다.

직탕폭포의 형성과정(© 철원군청 한탄강지질공원)

장군화와 임꺽정(林巨正), 홍명희의 집안사

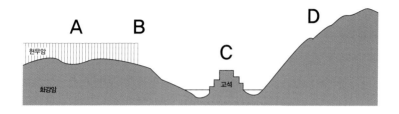

고석정 부근의 지형 단면(© 철원군청 한탄강지질공원)

고석정의 장군화는 화강암과 현무암의 강도 차이에 의해 만들어진 것이다. 고석 주변의 기반 암석은 약 1억 년 전인 중생대 백악기에 만들어진 화강암이었다. 그런데 약 54만~12만 년 전에 분출한 오리산 일대의 화산 폭발로 현무암질 용암이 고석 주변의 화강암을 뒤덮었다. 그 후 현무암이 강물에 의해 깎이면서 위의 사진에서 보듯이 강도가 강한 화강암 바위가 세찬 물결에도 살아남아 우뚝 솟아오른 채 남게 된 것이다.

그런데 사람들은 이렇게 형성된 장군화의 윗부분에 있는 굴에 임꺽정의 이야기를 얹어 이곳에 숨어 있다가 관군이 쳐들어오면 꺽지가 되어 강물로 숨었다는 전설을 만들어냈다. 임꺽정은 조선 시대 황해도 지방을 중심으로 일어난 농민반란의 지도자다. 일명 임거정林巨正 또는 임거질정林居叱正이라고도 한다. 임꺽정은 경기도와 황해도 일대에서 활동하였는데, 관아를 습격하고 창고를 털어 백성들에게 나눠주면서 의로운 도적으로 알려지게 되었다. 이익李瀷은 『성호사설』에서 홍길동洪吉童, 장길산張吉山과 함께 조선의 3대 도둑으로 꼽기도 하였다. 벽초 홍명희는 여기에 역사적 상상력을 더해 대하소설을 썼다.

하지만 홍명희 집안의 역사를 안다면 그의 천재적 능력이나 명성과 무관하게 식민-분단-전쟁으로 이어지는 한국 현대사의 비극을 그대로 볼 수 있다. 홍명희는 월북 후 북한 정권에서 내각 부수상을 지냈으며, 그의 아들 홍기문은 역사학자, 한글학자로, 북에서 양주동을 능가하는 이두문 해석 능력으로 『조선왕조실록』 한글 완역을 총괄 지휘하였다. 또한, 홍기문의 아들 홍석중은 소설 『황진이』를 썼을 정도로 집안 전체가 뛰어난 능력을 갖추고 있었다.

그러나 그의 집안사는 굴곡으로 얼룩져 있다. 홍명희의 할아버지 홍승목共承穆 (1847~1925)은 대표적인 친일파로, 1912년 일제로부터 한국병합기념장을 받았으나, 금산군수로 있던 아버지 홍범식共範植(1871~1910)은 한일합방에 분개하여 자결하였다. 아버지와 아들의 선택이 극명하게 갈렸다. 그러나 홍명희는 "친일을 하지 말고 훗날에도 나를 욕되게 하지 말라"는 아버지의 유서를 벽에 걸어놓고

—
장군화 봉우리 가운데 움푹 패인곳이 임꺽정이 숨어있었다는 동굴이다.

평생 절개를 지켰다. 임영태 반헌법행위자열전편찬위원회 조사위원에 따르면, 한국전쟁 때 국군이 홍명희의 괴산 집에 남아 있던 가솔들(머슴과 족친)을 학살한 뒤 홍명희에 대한 언급은 금기시되었다고 한다. 모두가 한국의 근현대사가 겪은 풍랑의 산물이다.

03

분단과 냉전 속에 태어나 평화를 만들어가는 철원의 민북마을

금강산철길마을
정연리

2011 3 27

철원읍 월하리 – 철원읍 대마리 – 동송읍 양지리·이길리 – 갈말읍 정연리 – 근북면 유곡리 – 김화읍 생창리 – 근남면 마현리

_____ 철원은 한국전쟁 당시 가장 치열한 격전지 중 하나였다. 한국전쟁 당시 높이 395m의 낮은 야산이었던 백마고지는 주인이 스물네 번이나 바뀌는 격전을 치르면서 2만여 명이 죽어갔다. 백마고지라는 이름도 격전을 치르고 나면 포연炮煙이 자욱하게 산을 뒤덮어 마치 백마가 하늘을 향해 날아가는 형상처럼 보였다고 해서 붙여진 것이다.

_____ 전쟁 이후에도 철원은 가장 치열한 남북 대결의 현장이 되었다. 휴전 이후 지속된 냉전冷戰은 직접적인 전투를 동반하는 전쟁이 아니라는 점에서 '열전熱戰'과 다르다. 하지만 이 또한 전쟁이다. 따라서 냉전은 일상적인 평화 속에서 매우 다양한 방식으로 전개되는 대결과 적대를 생산한다. 전쟁 이후, 월하리를 시작으로 하여 서서히 복원되기 시작한 철원의 마을들은 냉전의 산물로 기획되었다.

달이 머무는 마을,
철원읍 월하리

철원의 마을 만들기 역사는 '월하리月下里'로부터 시작된다. 해방 전 월하리는 철원에서 가장 번성한 곳이었다. 500세대가 거주하고, 행정기관과 각종 시설이 설치되며 근대화의 물길이 시작되던 기점이었다. 하지만 해방 이후 분단되면서 북쪽 관할지역이 되었고 한국전쟁으로 인해 완전히 파괴되었다.

월하리에 다시 생명이 움트기 시작하였을 때는 1959년 4월이었다. 당시에는 민통선 북방지역이었던 월하리에 72세대가 이주해 들어오면서부터다. 그 후, 1998년 민통선이 북쪽으로 이동하면서 마을 출입이 자유로워졌다.

월하리라는 마을의 이름은 1914년 일제강점기에 '월음'과 '하리'라는 이름을 가진 두 마을을 합치면서 이들 마을 이름의 첫 글자를 따서 만든 것이다. 하지만 이곳 사람들은 궁예와 왕건에 얽힌 전설을 말하기를 더 좋아한다. 과거 왕건이 궁

월하리(© 한국향토문화전자대전 한국학중앙연구원)

월하리(© 철원군청)

예의 부장으로 이곳에 살 때, 궁예를 '해'로, 자신을 '달'로 낮춰 부르기 위해 이곳의 명칭을 '월하리'라고 불렀다는 것이다. 물론 이것이 아예 근거가 없는 것은 아니다. 월하리에는 '철원 향교지'가 있는데, 이곳이 바로 과거 왕건의 사택이었다고 한다.

도피안사到彼岸寺 건너편 산기슭에 자리 잡은 아담한 마을 월하리는 말 그대로 '달이 머무는 마을'이다. 현재 월하리는 '달이 머무는 마을'이라는 의미를 살려 미술작가들과 주민들이 자연과 사람의 삶을 담은 벽화를 꾸미고 달을 형상화한 조형물을 세움으로써 상생의 장을 만들고 있다.

냉전이 낳은 개척지,
철원읍 대마리

월하리에서 노동당사를 지나 현재의 민통선을 따라 백마고지 쪽으로 더 들어가면 철원읍 '대마리大馬里'가 나온다. 북을 마주한 최전방이며 최초의 재건촌인 대마리는 남북의 가장 강력한 화기火器들이 집중된 냉전의 공간으로, 일반 시민들이 살기에는 부적합하였다.

하지만 당시 국가는 북의 침략에 대응하면서도 식량을 생산할 수 있는 '전투력을 갖춘 사람들'을 선발하여 1967년 4월 5일, 150가구가 10명씩 15개 조로 나누어 대마리에 입주하게 하였다. 한 손에 총을, 다른 손에 농기구를 들었던 이스라엘의 키부츠 사람들처럼 그들은 북과의 대치 상황 속에서 식량 생산의 일꾼이자 분단국가를 지키는 선두주자, 즉 전위前衛로 투입되었다. 땅을 준다는 국가의 약속 하나를 믿고 이곳으로 들어왔지만, 그들에게 주어진 땅은 잡초와 나무가 무성하며 바위와 돌들이 널브러진, 게다가 어디에 있는지도 모르는 지뢰가 곳곳

대마리마을 큰길

대마리 전경

에 박혀 있는 전쟁의 땅이었다.

마을 입구 대마리 개척비에는 이곳을 일군 개척 1세대의 이름이 새겨져 있다. 공병대工兵隊가 지뢰를 처리하였지만, 지뢰를 폭발시킬 구덩이를 파고, 그 구덩이까지 지뢰를 옮기는 일은 개척민들의 몫이었다. 아직도 생존해 있는 개척 1세대의 증언에 의하면, 1967년 4월 10일 임시입주가 시작된 5일 만에 첫 번째 지뢰사고가 터지는 것을 시작으로, 모시울 부근에서 학교 용지 직업을 위해 지뢰 탐지작업을 하던 중에도 사고가 이어졌다고 한다. 언제 밟아 터질지 모르는 지뢰의 공포에 질린 사람들이 국가를 상대로 항의도 하였지만, 개척 작업을 중단할 수는 없었다.

황무지에 불과하던 대마리는 마을 주민들의 희생으로 맛 좋기로 이름난 '철원 오대쌀' 생산지로 변하였다. 평화의 씨앗을 뿌리며 전쟁의 아픔을 극복하고자 하는 대마리는 두루미평화마을로 불리기도 한다. 민간인 출입이 통제되던 대마리는 1999년에 민통선 마을에서 해제되면서 자유롭게 출입할 수 있는 곳이 되었다.

선전마을,
동송읍 양지리-동송읍 이길리

철원읍을 빠져나와 동쪽으로 더 가면 동송읍이 나온다. 이곳의 양지리陽地里와 이길리二吉里도 대북 선전용 마을로, 1973년부터 조성한 재건촌이다. 1973년 3월 1일 동송읍 양지리에 입주가 시작되었고, 6년 뒤인 1979년 1월 1일 동송읍 이길 리에서도 입주가 이어졌다.

마을 사람들의 삶은 콘크리트 날림공사로 지은 9평 규모의 집들로 이주하면서 시작되었다. 이런 마을들의 주택은 대북 선전용답게 모든 창과 문을 북쪽으로 내었으며, 마을 전체가 하나의 무대처럼 가꾸어졌다. 전통적인 마을들이 배산임수 지형을 하고 있지만, 이들 마을은 풍수지리를 전혀 고려하지 않았다. 게다가 평지 한복판에 바둑판처럼 주택들을 배치하였고, 주택들 사이의 골목길은 잘 포장되어 있어서 조금의 무질서도 허용하지 않는 듯하다. 대북 선전용 마을이기 때문이다. 분단국가는 그렇게 자신의 우월성을 드러내기 위해 이들 마을을 조성하였다.

하지만 이곳에 이주한 사람들은 국가의 배치대로 살아가지 않았다. 그들은 자

양지리 DMZ두루미 평화타운
(ⓒ 철원군청)

양지리 두루미(ⓒ 철원군청)

이길리
(ⓒ 한국향토문화전자대전
한국학중앙연구원)

신들의 생활에 맞춰 집을 증축하고 변형하면서 독특한 형태의 주택들을 만들어 냈다. 국가의 냉전보다 언제나 삶이 먼저였다. 삶은 그 모든 것을 녹여내는 힘을 가지고 있었다. 이들이 살면서 민통선은 점차 북쪽으로 올라갔다. 1993년 1차 조정 이후, 세 차례의 조정을 거쳐 현재 민통선은 '군사분계선 10km 이내'로 축소되었고, 그만큼 냉전의 공간은 해체되었다.

양지리 옆의 대표적인 민통선 마을이었던 대마리와 정연리가 민간인의 출입이 자유로운 곳이 된 것처럼, 양지리도 2012년부터 자유로운 곳이 되었다. 남북을 가르지 않고 맘껏 하늘길을 오고 가는 두루미 등 철새와 지역 주민이 공존하는 DMZ 두루미평화타운도 지난 2016년에 개관하여 상생을 꿈꾸고 있다. 하지만 이길리만은 아직도 민통선 내부에 존재한다.

평강에서 철원이 된 마을,
갈말읍 정연리

1974년 갈말읍 정연리笽淵里에도 120세대가 입주해 들어왔다. '갈말' 또는 '갈종'이라는 이름은 '가르다'라는 의미를 가진 '갈葛/깔'과 마루, 꼭대기를 의미하는 '종宗'이 합쳐진 말이다. 이곳이 한탄강 계곡이 갈라진 곳이기 때문에 이런 이름이 붙여졌다.

하지만 본래 정연리는 현재의 철원군 갈말읍이 아니라 강원도 평강군 남면에 속해 있었다. 한국전쟁 이후 평강군은 북의 땅이 되었고, 원래 북에 속해 있었던 정연리는 남쪽의 땅이 되었다. 이후 1972년 정연리는 철원군에 편입되었다가 1979년 갈말읍으로 승격되면서 갈말읍 정연리가 되었다.

일제강점기에 이곳은 금강산전기철도가 지나는 곳이었으며 학생들은 이곳에

갈말읍 정연리   갈말읍 정연리의 논

서 기차를 타고 금강산으로 수학여행을 다녀오곤 하였다. 하지만 1950년 6월, 6,000여 명의 중공군이 들어오면서 미군은 이 작은 시골 마을을 무차별적으로 폭격하였다. 주민 150여 명이 사망하였고, 강제 피난 조치로 남은 사람들은 전라도와 수원 등지를 떠돌았다.

    1972년이 되어서야 이곳에도 사람들이 사는 마을이 조성되었다. 전쟁 이후 불가피하게 고향을 떠나 흩어져 살던 평강 출신 실향민 120가구가 고향마을로 돌아왔다. 그들은 군대의 통제를 받으면서 새로운 생활을 시작하였다. 때때로 수해로 인한 수난을 겪었지만, 이 땅에서 그들만의 삶을 만들기 시작하였다.

선전용 통일촌,
근북면 유곡리

갈말읍에서 빠져나와 동쪽으로 가면 근북면에 소재하는 또 다른 개척 마을 '유곡리楡谷里'가 나온다. 근북면은 현재 전국 면 단위 중 거주자가 가장 적은 한적한 마을이다. 사람들은 이곳을 '통일촌'이라고 부른다. DMZ 민통선 마을 유곡리는 1973년 정부의 주관으로 조성된 '선전마을'이다. 당시 정부는 파주의 '장단콩' 마을과 함께 이곳 철원의 근북면 유곡리를 '통일촌'으로 지정하고, 전역 장병 60세대의 이주를 허가하면서, 이주 가구당 500만 원 이상을 파격적으로 지원하였다. 대북 우위성을 입증하기 위해서는 최대한 쾌적한 삶의 환경을 갖춘 마을이 되어야 했기 때문이다.

그 당시 지원이 파격적이었기 때문에 지원자들도 많았다. 정부는 심사를 통해서 병兵 제대자 30명, 하사관(지금의 부사관)·장교 제대자 30명을 선정하여 입주를

금북면 유곡리

허가하였다. 이들은 철원군에서 입주 절차를 교육받았다. 통일촌에서 살아갈 방향과 목적을 물어보는 적격심사와 한 달간 정신교육·영농교육이 이어졌다. 이에 대해 주민들은 '시험'과 같았다고 말한다. 그렇게 들어온 통일촌에는 측량만 해놓은 논두렁만 만들어져 있을 뿐, 논도 아니고 밭도 아닌 '땅'이 그들을 기다리고 있었다. 아무것도 남아 있지 않은 폐허의 땅에서 이들은 콩을 심으면서 삶을 시작하였다. 통일촌 주민들은 주로 망가진 땅을 개간하였지만, 다행히 큰 지뢰 사고를

겪지는 않았다.

하지만 통일촌 입주가 시작된 후 안보 강화를 위해 통일촌 주변 산자락에 지뢰를 매설하였는데, 바로 그것 때문에 지뢰 피해를 받은 일들이 종종 발생하였다. 마을의 한 주민은 자신의 생일날 터진 지뢰 사고를 기억하고 있었다. 사위 생일에 온 가족이 다 함께 얼큰하게 약주를 했는데, 이튿날 그의 장모가 나물을 캐러 지뢰밭에 들어갔다는 사실을 알게 되었다고 한다. 그는 전방에서 군 복무를 하였기 때문에 지뢰 위험 공간이 명확히 구분되어 있을 것으로 생각하였다. 그러나 지뢰 표시가 제대로 되지 않은 곳에서 나물을 캐던 그의 장모가 폭발사고의 피해자가 되었다. 그래서 그의 생일날은 장모의 제삿날이 되었다고 한다.

지뢰와 싸운 마을,
김화읍 생창리

철원 안의 다른 개척 마을이 그랬듯이 민통선 안에 있는 척박한 땅에 새로운 역사를 만들어가는 것은 결코 쉬운 일이 아니었다. 이곳은 20년 동안 전쟁의 포화 속에 묻힌 땅이었다. 증언에 의하면, 잡목들이 우거지고 갈대들이 청년의 키보다 높게 자랐으며, 온갖 짐승들이 오고 가는 야생의 숲이었다. 이 땅을 개간하려면 화전火田을 일구어야 했다. 적당한 곳에 불을 놓으면, 잡풀의 화력으로 불이 크게 번졌고, 이 불길에 지뢰와 불발탄들이 곳곳에서 '펑펑' 터졌다. 당시 이 땅을 개척하였던 사람들은 멀리 떨어진 곳에서 지뢰 등의 폭발음을 실어 보내는 큰불을 바라보아야 했다. 이들은 숲에서 튀어나오는 놀란 짐승들과 함께 전쟁의 공포를 실감할 수밖에 없었다.

유곡리처럼 대북 선전용 마을로 조성된 곳은 그래도 나았다. 하지만 대마리와

생창리

같은 개척 마을들은 온갖 고난을 온몸으로 겪어야 했다. 근북면 유곡리에서 더 동쪽으로 들어가면 나오는 김화읍 '생창리生昌里'도 그런 개척 마을 가운데 한 곳이다. 1969년 김화읍 생창리에도 입주가 시작되었다. 당시 이곳에 들어온 사람들은 주로 20~30대의 젊은이들이었다. 이들은 제초제가 뿌려진 땅을 논으로 개간하면서 피부병을 앓기도 하였다. 그리고 지뢰를 제거하는 과정에서 목숨을 잃는 이들도 있었다. 공포는 외부에서만 오지 않았다. 이들은 굶주림과도 싸워야 했다.

개척민들은 일주일에 한 번씩 집에 가서 식량을 가지고 와서 밥을 해 먹었다. 화덕을 만들고 주변의 나무로 불을 때고, 군대용 반합 용기에 밥을 담아 먹었다. 하지만 늘 부족하였고 배고팠다. 특히 작업을 마친 저녁 시간에는 허기가 잔뜩 몰려들었다. 그러면 개척민들은 국수와 김치를 넣고 끓인 '털레기'를 만들어 먹었다. 몸이 고되고, 남자들만 모여 있으니 술잔을 기울이는 일이 많았다. 안주가 없어 소금을 찍어 먹으며 대병 소주를 마셨고, 어쩌다가 막걸리를 먹으면 배를 채웠다. 그렇게 그들은 밤새도록 들려오는 대남방송과 총격 소리, 그리고 간간이 포탄 소리를 들으며 칠흑처럼 어두운 밤을 견뎠다.

남북 체제경쟁에서 눈물을 흘려야 했던 생창리는 이제 평화의 물꼬를 트는 마을로 변화하고 있다. 지난 2008년, 환경부, 국방부, 철원군이 공동으로 협약을 맺어 비무장지대 자연 탐방이 가능한 DMZ생태평화공원을 개관한 것이다. DMZ생태평화공원은 이름 그대로 '생태'와 '평화'를 모색하는 공원으로, 오늘도 취지에 맞게 찾아오는 탐방객을 맞이하고 있다.

남다른 사연을 지닌 마을,
근남면 마현리

어렵게 마을을 개척하였던 그들의 이주역사에는 다양한 사연이 존재한다. 근남면 '마현리馬峴里' 역시 대마리처럼 정부의 주도로 이루어진 전략촌이다. 마현1리는 1960년에 66세대가 입주하였고, 마현2리는 1968년 50세대가 입주함으로써 개척사가 시작되었다. 하지만 마현1리의 개척사는 다른 개척 마을과 다른 매우 독특한 역사가 있다.

마현1리의 개척사는 1959년 9월 17일 발생한 사라호 태풍과 관련된다. 사라호 태풍은 당시 남해안부터 시작되어 통영과 대구 등 경상남북도 지역에 막대한 피해를 주고 동해안으로 사

마현리 입주기념비

라졌다. 이로 인해 이재민들이 다수 발생하였는데, 이중 울진군 이재민 66세대가 이곳으로 이주하였다.

반면 마현2리는 여타의 개척 마을들처럼 민통선 북방 전략촌 건립 계획, 농지 개발 및 식량 증산을 목적으로 조성된 마을이다. 이 두 마을은 몇 걸음만 걸으면 닿을 만큼 가깝다. 마현리는 한 공간에 서로 다른 유래를 가진 두 집단이 존재하는 것이다.

"아주 손이 갈퀴가 되도록 일했지"라고 말하는 이들 이주민. 이주 유래는 달랐지만, 이곳에 정착한 이후의 역사는 같다. 멀리서 들려오는 대남방송 소리, 산불에 터지는 지뢰 폭발음 등을 들으면서 그들은 버려진 땅을 일구고 수로를 내고 논밭을 개간하였다. 사람들이 땅을 일구자 이곳에도 생명의 온기가 돌았고 얼어붙은 땅凍土에서도 아이들의 웃음소리가 들리기 시작하였다.

냉전 기획을 넘어서

이처럼 냉전의 산물로 조성된 마을들에 사람들이 모여 일상적인 삶을 영위하면서 이들에 대한 군사적 통제 범위는 서서히 약화하여 갔다. 민간인 통제구역은 서서히 줄어들어 과거 112곳의 민통선 마을은 현재 아홉 곳으로 줄어들었다. 냉전의 기획 하에서 만들어진 마을이 역설적으로 냉전의 해체를 가져오기 시작한 것이다. 철원의 개척 마을들은 냉전과 분단의 산물이면서도 오히려 군사적 공간을 북쪽으로 밀쳐 올리며, 그곳을 점차 평화의 공간으로 바꾸어 놓았다.

민북마을

민북마을은 민간인 통제선(민통선, Civilian Control Line) 이북에 있는 마을을 줄여서 부르는 명칭이다. 1953년 정전협정 체결 이후 미8군 사령관은 휴전선 일대의 군사적 보안 유지를 위해서 남방한계선 아래 5~20km 부근까지 민간인의 영농 행위를 규제하는 귀농선歸農線을 설정하였는데, 이것이 후에 민간인 통제선으로 이름이 바뀌었다.

수복 초기에는 민통선 바깥에 있는 마을에 거주하며 일일 출입을 허가받아야만 농지를 경작할 수 있었다. 비교적 체제가 안정화됨에 따라 정부에서는 비무장지대 일대의 유휴지 개발을 통한 식량 증산과 대북 심리전을 목적으로 민통선 이북 지역에 마을을 조성하고 제대군인과 원주민의 집단 정착을 장려하는 정책을 펼쳤다.

민북마을은 조성 시기나 목적에 따라 명칭이 조금씩 다른데 1950년대 후반부터 원주민을 중심으로 정착한 '자립안정촌'이 100여 곳으로 가장 많다. 이후 1960년대 후반부터 제대군인 등 정착민들에게 각종 혜택을 약속하면서 대단위 협동 영농마을인 '전략촌'을 조성하였다.

전략촌은 시기에 따라 '재건촌再建村'과 '통일촌統一村'으로 나뉜다. 대부분이 재건촌이지만, 1973년 파주 백연리白蓮里와 철원 근북면 유곡리 두 곳에 재건촌의 단점을 보완한 '통일촌'을 시범 조성하였다. 이 외에 파주의 실향민 마을인 해마루촌과 유일하게 비무장지대 안에 있는 파주 대성동臺城洞 자유의 마을이 있다.

04

다시 이어진 철길 위에서
상상하는 미래의 지구촌

철도중단점

The Northernmost Point 鐵道中斷點

철마는 달리고 싶다

We want to be back on track

│ 차탄천 (구) 경원선 교량 – 백마고지역 – 철원역 터 – 월
  정리역 – 금강산전기철도교량

일제 침탈의 잔재, 차탄천 (구)경원선 교량

경원선의 마지막역, 백마고지역

융성했던 철원의 기억, 철원역 터

기차를 기다리는 역, 월정리역

다시 달리고 싶다, 금강산전기철도교량

철원의 철길 위에서 꿈꾸는 미래의 지구촌

_____ 한반도의 분단은 서로 다른 체제를 가진 국가 간의 분단만을 의미하지 않는다. 오히려 체제 분단보다 이곳에서 살아가고 있는 사람들의 분단이 핵심이다. 사람의 분단은 옛날부터 함께 어울려 살아왔던 사람들 사이의 단절을 의미한다. 그렇기에 사람의 분단은 무엇보다도 사람들이 다녔던 '길의 끊김'으로 나타날 수밖에 없다. 남이든 북이든 이전에는 자유롭게 오고 갔던 길이 어느 지점에선가는 이제는 갈 수 없는 중단된 길이 되는 것이다. 인도도, 찻길도 군사분계선이 있는 DMZ에서는 모두 중단된다.

_____ 오늘날 사람의 분단을 가장 상징적으로 보여주는 것은 '철길'이라 할 수 있다. 미국도, 캐나다도, 러시아도 철길을 놓음으로써 그 거대한 영토에 사는 사람들의 삶을 하나의 정치·경제적 생활공동체로 통합시켰다. 한반도의 남북 또한 마찬가지였다. 비록 한반도의 철도들이 일제강점기에 주로 자원의 약탈과 대륙침략을 위한 수단으로 건설되었다고 하더라도 '철도'는 동서로 길게 늘어선 반도에서 살아가고 있는 사람들의 삶을 이어주는 길이었다.

_____ 하지만 지금 한반도의 철길은 모두 다 끊어진 채 분단되어 있다. 한반도의 남북을 횡단하며 중심을 이어주는 '경의선京義線'은 서울을 중심으로 남쪽으로는 부산까지, 북쪽으로는 개성−사리원−평양−신안주를 거쳐 신의주까지를 연결하면서 압록강 철교 넘어 만주로 가는 길을 열어놓은 첫 번째 길이었으나, 분단 이후 총 499km 중 서울−문산 간의 52.5km만을 운행하고 있을 뿐이다. 1906년 개통된 경의선이 분단과 함께 멈춰 서 있는 것이다. 그래서일까. 그것은 왠지 모를 아련한 아픔으로 다가온다.

_____ 분단 이전까지만 하더라도 남북을 오갔던 철길이 끊어진 곳에서 세월에 녹슨 기차를 가끔 볼 수 있다. 경의선이 중단된 지점에도 녹슨 기차가 있다. 현재 파주 임진각 평화누리공원에 가면 '장단역'에서 운행을 멈춘 '화통'이라는 기차를 볼 수 있다. 1950년 12월 31일에 한준기 기관사가 운전하던 증기기관차인데, 미군의 총격으로 이곳에서 멈추어 섰다. 오랜 세월 들판에 방치되고 있던 이 증기기관차를 2005년에 임진각으로 옮겨와 약 2년간의 보존처리를 거친 다음 2009년 6월 25일부터 이곳에 전시한 것이다.

_____ 하지만 분단으로 끊긴 철길은 파주에만 있는 것이 아니다. 철원은 예부터 한반도의 중앙에 있는 지역으로, 서울에서 평양, 신의주, 금강산, 원산으로 향하는 길의 중간기착지로서의 구실을 해온 교통의 중심지이자 정치·군사적인 요충지였다. 일제강점기에는 한반도를 가로질러 만주로 가는 제국주의적 침략의 핵심 거점이었고, 한국전쟁 당시에는 남과 북이 이곳을 차지하기 위해 서로 목숨을 걸고 싸웠던 격전지였다. 이곳에는 서울−원산을 잇는 '경원선京元線'과 철원−내금강(온정리)을 오가는 '금강산전기철도'가 있었다.

일제 침탈의 잔재,
차탄천 (구)경원선 교량

    연천의 신탄리역에서 자동차로 10여 분 정도 철원 방향을 향해 가다 보면 고드름이 거꾸로 자라 '역고드름'이라는 명칭이 붙은 지역이 나온다. 역고드름은 연천과 철원의 경계에 있는 고대산 자락에 있다. 이 지역에 다다르면 이태준의 단편 소설 「촌띄기」(1934)에서 장군이 사냥을 하고 살았다는 고대산 계곡에서 흘러나오는 조그만 개울이 있고, 그 위에 우뚝 선 4개의 교각이 있다. 앞쪽의 두 교각 사이로는 교량이 있고 뒤쪽의 교각에는 교량이 없다. 앞쪽의 교각은 경원선 교량의 일부이며, 뒤쪽의 교각은 일제가 추가로 경원선 복선화 공사를 하다가 패망하자 남겨놓은 잔해다.

남아있는 경원선 교량 교각

경원선은 일제가 복선화를 추진할 정도로 중요한 철길이었다. 1910년 10월부터 시작하여 1914년 8월 완공된, 총 길이 223.7km의 철도 노선이다. 일제가 대륙진출을 위한 군사적 목적과 동해안 북부지역의 물자를 나르기 위한 경제적 목적에서 만든 철길이다. 과거 경원선은 서울, 용산에서 출발하여 의정부–연천–철원–월정을 거쳐 지금은 북쪽 지역이 된 검불랑–복계–평강–가곡–세포–신고산–용지원을 지나 원산을 최종 목적지로 하는 철길이었다. 그러나 이제는 분단으로 가로막혀 북쪽으로 넘어가지 못하고 용산역에서 백마고지역白馬高地驛까지의 94.4km만을 운행하고 있을 뿐이다.

경원선의 마지막 역,
백마고지역

경원선이 지나는 역사驛舍 중 현재 남쪽의 철원에 속하는 역에는 '백마고지역'과 '구 철원역', 그리고 '월정리역月井里驛'이 있다. 이 가운데 백마고지역은 분단될 당시까지만 하더라도 원래 존재하지 않았던 역사였다. 분단 이전까지만 하더라도 경원선이 정착하던 역은 '철원역'이었다. 하지만 철원역은 한국전쟁 당시 폭격으로 인해 완전히 파괴되었다. 정류장은 흔적도 없이 사라졌고, 급수탑은 폭파되었으며, 선로도 흔적만 남고 대부분 사라졌다. 그래서 2000년대 경원선 복원 논의가 시작되었을 때, 처음에는 구 철원역사를 재건하는 방향이 거론되기도 하였다. 그러나 구 철원역사는 민간인의 출입이 어려운 민통선 이북에 있어서 2007년 초 현재의 위치에 새로운 역사를 건설하기로 한 것이다.

2012년 11월 20일 백마고지역이 세워지기 이전까지 경원선의 남쪽 최북단 역사는 연천의 '신탄리역'이었다. 신탄리역은 최북단 역인 동시에 경원선이 끝내

백마고지역 철도 중단점 안내판

달리지 못하고 멈추어 서야 하는 '종단역終斷驛'이었다. 지금도 신탄리역에는 '구 철도중단점'이라는 세움 간판과 더불어 '철마는 달리고 싶다'라는 표지판이 설치 되어 있는데, '철마는 달리고 싶다'라는 표지판은 이곳 백마고지역과 더불어 월정 리역에도 세워져 있다. 아마도 끊어진 철길에서 느끼는 사람들의 애잔한 염원이 반영되었으리라.

하지만 '철마는 달리고 싶다'라는 염원과 달리 백마고지역이라는 이름은 분단 의 상처에 대한 치유와 남북 화해의 소망을 제대로 담아내지 못하고 있다. 이곳 에 새로 기차역을 만들면서 사람들은 이 역의 이름을 어떻게 붙일 것인가를 두고 분분하게 논의하였다고 한다. 현재는 '백마고지역'이지만 그 당시에는 '이태준역' 이라는 이름도 제기되었다. 하지만 사람들은 단지 그가 월북작가라는 이유만으로 이곳이 고향이자 북에서 숙청된 후 쓸쓸히 죽어간 비운의 작가 이태준 대신에 열 흘간 혈전을 벌이고 승전한 장소인 백마고지를 선택하였다.

융성했던 철원의 기억,
철원역 터

철원에서 태어나고 자란 이태준은 「촌띄기」에서 당시 융성했던 철원과 일제에 의해 수탈당했던 민초의 삶을 대비해 소설로 형상화하였다. 돈을 벌기 위해 도시로 나갈 계획을 세운 주인공 장군이는 헤어지기 싫어하는 아내를 그냥 떠나보내지 못해 가던 길을 멈추고 돌아와 '떡전거리'에서 아내가 좋아하는 '이차떡(인절미)'을 사먹인 후 둘은 헤어진다. 작가 이태준은 바로 이 떡전거리에서 속절없이 헤어져야 했던 장군이 부부의 애달픈 마음을 담아 단편의 미학 속에 새겨넣었다.

그 당시 철원은 융성했고, 그 중심에는 철원역이 있었다. 철원역은 용산역과 원산역에 버금가는 규모로서 철원읍 외촌리 철원평야 한가운데 있었다. 약 5만여 평의 부지와 80여 명의 역무원이 근무했던 철원역은 붉은 벽돌로 만든 2층 건물이었으며, 이 역에서 금강산선이 나누어지기 때문에 기본적인 철도 시설 외에도 금강산선의 조차장, 사무실, 전기시설, 여관 등도 있었다. 당시에는 서울역과 비교 대상이 될 정도로 경원선에서 손꼽히는 역 중 하나였다.

—
일제강점기 당시 철원역
(ⓒ 철원문화원)

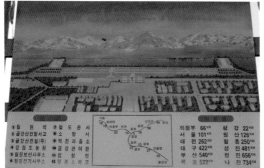

철원역 배치도

과거 철원의 시가지는 이렇게 융성했던 철원역에서부터 시작하여 민통선 밖 노동당사와 구 철원제일교회까지 이어지고 있다. 지금은 한국전쟁으로 파괴되어 잔해들만이 남아 있지만, 민통선 안쪽에 있는 철원의 근대문화유적 거리가 보여 주고 있듯이 시가지 길 양쪽으로는 당시 활발했던 경제를 바탕으로 축적된 부를 보여주는 '제2금융조합' 건물과 일본인이 운영하는 요정과 식당, 접객업소 등에 얼음을 공급했던 '얼음창고', 그리고 철원지방에서 난 농산물들의 품질을 검사하는 '농산물검사소' 건물의 잔해들이 늘어서 있다. 구 철원역사는 바로 이런 풍요로웠던 철원의 역사를 간직하고 있다.

기차를 기다리는 역,
월정리역

철원역을 지나 북쪽으로 더 올라가면 월정리역이 있다. 월정리역은 현재 기차가 다니지 않는 '폐역閉驛'이다. 이 역은 1950년 6월 25일 한국전쟁이 발발하면서

월정리역

폐쇄되었다. 철원역과 함께 한반도 군사분계선 남쪽의 민간인출입통제구역 안에 있다. 월정리역은 철원 안보 관광코스의 주요 경유지 중 하나인 철원 두루미관 바로 옆에 고풍스러운 자태를 갖춘 간이역의 형태로 서 있다. 철원 두루미관은 남방한계선을 끼고 높게 세워진 울타리들을 벽면으로 하여 지어져 있다. 또한, 월정리역과 함께 그 앞에는 망향비, 그리고 넓은 공원이 조성되어 있다.

현재의 월정리역 건물은 1988년 철원 안보 관광 개발사업의 하나로 복원된 것이다. 월정리역 안쪽에는 관광을 위해 만들어 놓은 50m가량의 기찻길이 있고 그 맞은편에는 플랫폼이 세워져 있다. 플랫폼 아래로는 녹이 슬어 내려앉은 기차가 세워져 있으며 형체조차 온전하지 못한 기차의 철골들 사이로 여린 풀들이 얼굴을 내밀고 있다. 거의 다 녹아내려 형체를 알아보기 힘든 앞쪽의 기차는 UN군의 폭격으로 부수어진 인민군의 화물열차 일부다. 뒤쪽의 비교적 온전한 형체를 보존하고 있는 기차는 1995년까지 실제로 운행되었던 철도청 4001 디젤기관차다.

세월의 무게만큼이나 월정리역의 기차들도 쇠락해가고 있다. 월정리역은 비록 기차가 다니지 않는 역이자 빗물에 녹아내린 고철 덩어리들이 전시된 공간이지만 그래도 그것들을 보는 사람들에게 다시 이곳을 지나가는 기차에 대한 꿈을

전시된 화물열차의 잔해

꾸게 한다. 녹슬어 사라지는 기차 앞에는 신탄리역과 백마고지역에서 보았던 표지판에 쓰여 있던 것과 같은 '철마는 달리고 싶다'라는 글귀가 보인다. 아마도 경원선이 다닐 수 있는 최북단 역이었던 신탄리역이 '백마고지역'으로 연장되었듯이 '월정리역'도 이곳에서 백마고지역을 지나 군사분계선을 넘어 북쪽으로 향해 가는 기차를 기다리고 있는지도 모른다.

다시 달리고 싶다,
금강산전기철도교량

철원에서 남북을 가로질러 달리고 싶은 철마는 '경원선'만이 아니다. 철원역은 경원선의 중간기착지이자 금강산을 향해 떠나는 금강산전기철도의 출발지였다. 금강산전기철도는 철원역에서 내금강까지 운행하던 116.6km의 전철로, 한반도 역사상 최초의 전기철도다. 1919년 착공되었으며 1924년 8월 1일 철원–김화 구간, 1931년 7월 1일 철원–내금강 구간이 개통됨으로써 완공되었다. 개통 당시 금강산전기철도는 총 28개 역을 두었다. 철원지역에 있었던 역은 철원–사요–동

금강산 전기철도교량

철원–동송–양지–이길–정연–유곡–금곡–김화–광삼 등이다.

하지만 현재 이들 역사는 거의 남아 있지 않다. 다만, 금강산전기철도가 지나
갔던 철길과 흔적이 남아 있을 뿐이다. 월정리역에서 동북 방향으로 가면 금강산
전기철도선의 28개 역 중 하나인 '정연역亭淵驛'의 옛터를 볼 수 있다. 현재는 논
한가운데 건물 흔적만이 남아 있다. 정연역이 있던 정연리는 원래 평강군이었다
가 한국전쟁으로 철원군에 편입된 마을이다. 정연리 마을 앞에서 한탄강과 화강
이 Y자를 이루면서 합류하고, 그 합류점은 평강군·김화군·철원군이 만나는 교차
지점이기도 하다.

일제강점기 정연리 마을은 별도로 파출소와 금융조합이 있었을 정도로 번창

했다. 철원군 김화읍 도창리와 갈말읍 정연리 경계에 세워진 금강산전기철도교량은 1926년 금강산전기철도용 교량으로 세워졌다. 1926년에 세워졌다는 이 교량에 가까이 다가가 보면 교각에 새겨진 문구가 가장 먼저 눈에 들어온다. "끊어진 철길! 금강산 90km". 이곳에서 90km를 북으로 달리면 한반도의 대표적 명산인 금강산에 도달할 수 있다. 아마 요즘 기차의 속도로 따지면 채 한 시간도 걸리지 않을 것이다. 하지만 일제강점기에도 하루 4회나 이 교각 위를 달렸던 기차는 이제는 더는 달리지 못하고 있다.

아마도 남과 북이 서로 화해를 하고 평화와 통일의 길을 모색한다면 그것의 진정한 시작은 끊어진 철길과 도로를 잇는 것일 것이다. 사람이 왕래하지 않는 곳에서 치유도, 화해도, 신뢰의 회복도 가능하지 않기 때문이다. 그래서 이미 1982년 1월 정부의 '남북 기본관계에 관한 잠정협정' 제의에 따른 대북 시범사업을 시작으로, 1991년 남북고위급회담, 2000년 장성급회담, 남북장관급회담에서 철도 연결에 대한 합의가 이루어졌고, 2002년 경의선·동해선 철도나 도로 착공식에 이어 2007년 5월 17일 경의선·동해선 열차가 군사분계선을 넘는 시범 운행이 진행된 바 있다.

그러나 남북관계의 경색으로, 모든 교류 협력사업이 중단되면서 이와 같은 사업도 무기한 중단되었다. 하지만 2018년 '4·27 판문점선언'에서 문재인 대통령과 김정은 위원장은 철도·도로 연결 및 현대화에 합의하였고, 9월 19일 '평양공동선언'에서 연내에 도로나 철도 착공식에 대해 합의를 하면서 남북 도로, 철도 연결사업이 다시 급물살을 타기도 하였다. 다시 이어진 경색 국면에 이 협력사업은 소강상태에 있긴 하지만, 바야흐로 남북이 서로에 대한 증오를 내려놓고 화해와 협력의 길을 만들어 가는 가능성을 보여준 사례가 될 것이다. 끊어진 철길을 이을 때, 한반도의 남과 북에서 살아가고 있는 사람들 또한 이어진다.

철원의 철길 위에서 꿈꾸는 미래의 지구촌

그러나 그것이 어디 남북의 사람들만 만나는 것이겠는가? 한반도의 남쪽은 북으로 군사분계선에, 다른 삼면은 바다에 가로막혀 있다. 유럽과 아시아는 하나의 대륙, 즉 유라시아대륙이다. 그래서 남북을 잇는 기찻길은 남북횡단열차로만 끝나지 않고, '시베리아횡단철도(TSR: Trans-Siberrian Railway)', '만주횡단철도(TMR: Trans-Manchurian Railway)', '중국횡단철도(TCR: Trans-Chinese Railway)'와 '몽골횡단철도(TMGR: Trans-Mongolian Railway)'를 연결하면서 유라시아대륙을 향해 본격적으로 나아가는 우리의 꿈을 현실화하는 출발점도 될 것이다.

한반도는 삼면이 바다에 가로막힌 대륙의 끝자락에 놓인 고립의 땅이 아니다. 오히려 대륙과 해양을 연결하면서 양 세력들 간의 교류를 매개하는 '허브'이자 대륙과 해양 양쪽을 향해 나아가는 길 위에서의 '출발지'다. 일본, 필리핀, 인도네시아와 오세아니아를 비롯한 태평양은 한반도를 통해 '시베리아횡단열차'를 타고 러시아와 유럽으로, '만주횡단열차'와 '몽골횡단열차'를 타고 중국을 거쳐 러시아로, '중국횡단철도'를 타고 중국을 가로질러 중앙아시아를 걸쳐 유럽으로 갈 것이다. 또한, 거꾸로 유럽과 러시아, 중앙아시아와 중국 또한 이 길을 따라 한반도를 거쳐 태평양을 갈 것이다. 그렇기에 거기에는 하나의 한반도만이 아니라 그것을 넘어서 지구 전체로 연결되는 '지구촌'이라는 미래의 꿈이 존재한다.

월정리 설화

월정리역에 도착하면 왼편에 예사롭지 않은 모습의 어린 여자아이의 동상이 보인다. 이는 월정리 효녀에 관한 설화를 상징하는 것으로 그 내용은 다음과 같다.

옛날, 이 마을에는 병에 걸린 아버지를 봉양하는 딸이 살고 있었다. 딸은 아버지의 병이 낫게 해달라고 매일 밤 달님에게 빌곤 하였다. 그러던 어느 날, 여느 때처럼 달님에게 기도를 올리다가 피곤해 깜빡 잠이 들었다. 그런데 꿈속에 나타난 달의 화신化身이 너의 효심에 감동했다고 하면서 그날 달이 지기 전, 집 옆에 있는 바위에 고인 물을 떠다가 아버지에게 마시게 하면 병이 나을 것이라고 알려주었다.

잠에서 깬 딸은 일어나자마자 바위에 고인 물을 손으로 길어서 아버지의 입에 넣기를 수백 번 반복하였다. 물이 빠져나가지 않도록 서두르다 보니 딸의 온몸은 바위에 부딪혀 피투성이가 되었다. 다행히 천 번째 물을 길어 아버지에게 마시게 하자 서쪽으로 달은 졌고 아버지의 병은 나았다. 그러나 딸은 안타깝게도 너무 지쳐 그 자리에 쓰러져 죽고 말았다. 이후, 마을 사람들은 물이 고였던 자리를 '달의 우물'이라는 뜻에서 '월정'이라고 부르기 시작하였는데, 이후 마을의 이름도 월정리가 되었다고 한다.

05

근대도시 철원을 지나 미래의 평화 도시로 가는 길

| 철원역 터 – 철원 제2금융조합 건물지 – 철원 얼음창고 – 철원 농산물검사소 – 구 철원제일교회 – 새우젓고개 – 철원 수도국 터 급수탑

융성했으나 철원역 '터'가 되어버린 철원역
철원의 번창과 수탈, 철원 제2금융조합 건물지·얼음창고·농산물검사소
포화로 얼룩진 전쟁의 흔적, 구 철원제일교회와 새우젓고개
근대도시의 흥망성쇠, 철원 수도국 터 급수탑
미래를 여는 평화 도시, 철원

_____ "금강산 그늘이 관동關東 팔십 리를 간다"라는 말이 있다. 금강산의 아름다움이 관동팔경 關東八景을 품은 강원도 전체에 미친다는 뜻이다. 금강산은 고려 후기 이곡李穀의 『동유기』, 조선 중기 남 효온南孝溫의 『유금강산기』를 비롯하여 조선 후기 김창집金昌集, 김창협金昌協, 송병선宋秉璿 등 여러 문인 이 흠모하였던 명승지이자 자신의 글로 남기고자 했던 대표적인 관광지였다.

_____ 조선 시대 문인들은 산수 유람을 즐겼다. 당대의 현실을 개탄해 마지않았던 문인들은 세 속에서 벗어나 산수를 유람하고 그 산수의 아름다움을 글로 남기고자 하였다. 조선 후기 학자 농암 김 창협은 젊은 시절 두 번 금강산을 다녀왔는데도 『농암집』에서 금강산을 속속들이 보지 못한 게 아쉬워 다시 한번 가고 싶다는 심정을 토로하기도 했다.

_____ 그러나 "8월 11일 을묘일에 길을 떠나 9월 11일 기미일에 서울로 돌아왔다. 왕복 31일이 걸렸다"라고 쓰인 내용에서 보듯이 당시 금강산 관광은 한 달이 넘는 시간이 소요되었기 때문에 아무 나 갈 수 없었다. 따라서 금강산 관광은 사대부들이 누릴 수 있는 멋과 흥이지, 일반 백성들이 누릴 수 있는 것은 아니었다. 그렇지만 금강산은 모든 사람이 평생 한 번은 반드시 가보아야 할 그런 곳으로 마음에 자리하였다고 볼 수 있다.

지리적으로 한반도의 중앙에 있는 철원은 평양·서울·개성 등 남과 북의 주요 도시들을 연결하는 교통의 요충지였을 뿐만 아니라 서울에서 금강산으로 가는 길에서 빼놓을 수 없는 곳이었다. 철원역은 서울의 용산과 원산을 잇는 223.7km의 경원선의 중심역이자 철원에서 내금강을 연결하는 116.6km의 금강산전기철도선의 출발점이 되는 역으로, 원래 역이 위치한 곳은 일제강점기에 춘천과 맞먹을 정도로 번성했던 구 철원 시가지였다. 1937년에 발행된 〈철원읍지〉에 의하면, 당시 철원의 인구수는 1만 9,693명이었으며 4,269가구가 이곳에 살았다고 하니 그 규모를 짐작할 수 있다. 근무하는 역무원 인원만 해도 80여 명에 달할 정도의 큰 규모였던 철원역은 수많은 유동 인구로 북적거렸고 활발한 상권을 형성하였다.

일본이 만주를 침략하기 위해 물자수송로로 만든 것이 경원선이다. 그리고 관광용 열차라는 명분을 내세워 주민들을 강제로 동원하여 완성한 것이 금강산전기철도다. 일본은 금강산전기철도 건설을 통해서 금강산 주변 일대의 자원 개발을 본격화하면서 금강산 유람을 근대식 관광산업의 하나로 재편해갔다.

이에 부응하듯, 철원역 주변에는 근대식 편의시설이 들어섰고 철원은 점점 번창하였다. 당시 지식인이나 부유층은 조선 시대의 사대부들처럼 금강산 여행을 자랑거리로 삼았으며, 일만이천봉의 금강산은 조선 사람들에게 하나의 꿈이자 신화로 자리잡게 되었다. 어쨌거나 일제강점기 때의 철원은 매우 번창한 곳이었음이 틀림없다.

융성했으나 철원역 '터'가 되어버린
철원역

포털 지도에서 구 철원역을 검색해 보면 '철원역 폐역'이라고 뜬다. 폐역閉驛은 폐쇄된 역이다. 한때 수많은 승객을 맞이하였을 역사驛舍는 황량하기 그지없었다. 쨍하게 내리쬐는 햇빛이 무색하도록 녹이 슨 철길, 그 누구의 발자국 흔적도 없는 탑승장과 곧 부러질 것만 같은 표지판만이 남아 있어 온통 회색빛으로 다가왔다. 옛 흔적을 느끼고 싶어서였는지, 철길을 따라 무작정 걸어보았다. 하지만 몇십 미터 못 가서 더는 나아갈 수 없는 끊어진 철길 어느 지점에서 발걸음이 툭 멈춰진다. 분단의 현실을 적나라하게 마주하는 공간, 바로 구 철원역이다.

철원역사는 긴 시간 동안 옛 철원의 시간을 머금고 지금보다 나은 미래를 꿈꾸며 여기에 머물고 있다. 어디선가 다시 이어진 철길을 따라 금강산 소풍을 떠나는 아이들의 왁자지껄한 소리가 들려오는 듯하다.

철원에 여행 온 옛 경원객 승객이 되어 다시 발걸음을 옮겨 본다. 노동당사 방

철원역 터

철원역 터(© 강원영상위원회)

면으로 난 길을 걷다 보면 김주영의 단편소설 「쇠둘레를 찾아서」(1987)에 나오는 한 구절 "그러나 철원은 실제로 여기 없습니다"가 떠오른다. 사람이 살던 흔적은 사라져 버리고 쓸쓸해 보이는 풀숲에 덩그러니 남은 몇몇 건물 조각들이 저 멀리서 눈에 들어온다. '쇠둘레'는 철원鐵原이라는 한자 지명의 우리말이다.

이정표를 따라 철원 시가지로 들어선 소설의 주인공은 7년 전에 와 보았던 철원이 아닌 너무나 번화한 철원에서 갈 길을 잃어버린다. 20여 분을 헤매다가 겨우 만난 복덕방 주인으로부터 '진짜' 철원에 대해 듣게 된다.

> "동송읍을 철원이라 하고 또 갈말읍을 철원이라고 부르기도 하지요. 그러나 철원은 실제로 여기 없습니다."

현재 철원은 한탄강을 중심으로 구 철원과 신 철원으로 나뉜다고 한다. 철원의 최대 번화가였던 관전리 지역은 현재 동송읍인 구 철원이라고 하며, 철원군청이 위치한 갈말읍 지역을 신 철원이라고 부른다. 그러니까 지금 걷고 있는 이 길은 옛 철원의 가장 번성하였던 시가지이다. 이 시가지는 당시에 따로 '시가도市街圖'가 제작될 만큼 주요 기관이 밀집해 있었다. 하지만 과거의 철원은 비무장지대와 민간인 통제구역 내에 놓여 접근조차 쉽지 않다. 소설 속의 복덕방 주인은 구철원이 원 철원이던 시절을 다음과 같이 회상하고 있다.

"옛날의 철원역사, 농산물검사소, 수도국 같은 것이 모두 민통선 안에 있고죠. 우리 어머님은 옛날에 철원역에서 기차 타고 원산 가서 찬거리 사서 그날로 돌아왔고, 아버님은 월정역에서 금강산으로 소풍 다녔답니다. 철원역사는 지금 서울역사의 축소판이어서 건물로도 유명했습니다. 월정역에서 금강산까지 전철이 놓였던 건 아시죠? 금강산이 얼마나 좋았으면 그 시절에 전철까지 놓았겠습니까. (중략) 여기가 명색은 철원이지요. 그러나 우리가 진짜 철원에서 살고 있는 건 아닙니다. 철원 들어가서 농사는 짓고 있지만 거주는 못 합니다."

일제강점기 철원읍 시가지 상가(© 철원문화원)

철원의 번창과 수탈,
철원 제2금융조합 건물지·얼음창고·농산물검사소

철원을 배경으로 한 다른 소설 역시 「쇠둘레를 찾아서」처럼 '상실감'을 주요 정조로 삼고 있다. 강원도 김화 출신인 유재용은 그의 중편소설 「달빛과 폐허」 (1987)에서 분단 상황을 가족사적인 관점에서 천착하고 있다. 여기서 주인공 두영은 아버지의 옛 기억에 기대어 헷갈리는 지명과 지금은 찾을 수 없는 '진짜' 철원의 자취를 찾아간다.

> 아버지는 백지를 꺼내 놓고 관전리와 그 주변의 약도를 그려 보이며 중요 기관 건물이나 표적이 될 만한 건물을 제자리에 집어넣었다. 학교에서 나오는 길이 큰 거리와 합해지는 곳에서 비스듬히 북동쪽으로 길 건너 자리 잡은 건물이 도립병원, 남쪽으로 방향을 바꿔 걸어 내려오다가 오른쪽 갈래길 안침에 들어앉아 있는 것이 철원극장, 큰길에서 남쪽 월하리 쪽으로 좀 더 내려간 오른쪽 길가에 서 있는 건물이 철원금융조합, 길 왼쪽 언덕 높직하게 감리교회당이 자리 잡았고, 목욕탕은 좀 더 남쪽으로 내려가다가 길 왼쪽 골목 안에, 그 목욕탕 뒤쪽 나직한 산 중턱에 왜정 때의 신사(神社) 터가 있으며 두영의 가족이 살던 집의 위치는 금융조합과 철원극장 중간에 나 있는 골목 안이었다.

그렇다고 옛 시가지의 모습이 완전히 사라진 것은 아니다. 몇몇 건물들은 전쟁에도 살아남아 지난 시간을 힘겹게 버티고 서서 철원의 옛 번영을 증명하고 있다. 비록 허물어진 채, 뼈대만을 겨우 간직하고 있지만, 그 당시 철원의 영광을 보여주듯이 길을 가운데 두고 건물들이 마주 서 있다.

가장 먼저 눈에 들어온 건물은 철원 제2금융조합이다. 한국전쟁으로 폐허가

철원 제2금융조합 건물지

된 자리에 현재 남아 있는 것은 건물 외벽 일부와 금고였던 것으로 추정되는 구조물뿐이다. 그렇지만 이 현장은 그 당시 철원의 상업과 경제활동이 매우 활발하였다는 것을 간접적으로나마 보여주고 있었다. 제2금융조합 건물 대각선 맞은편에 자리한 얼음창고는 철원 시가지에서 식당을 운영하던 한 일본인이 개인적인 사업 용도로 지은 건물이라고 한다. 당시 철원은 한반도의 중부를 관통하는 교통의 요충지였다. 그래서 이곳을 경유하는 사람들이 많았고, 이런 수요로 인해 당시 철원에는 큰 식당과 요정 등도 많이 들어섰다.

어느 기록에 따르면, 당시 이곳에는 103개의 접객업소가 있었고, 그에 따라 얼음 수요가 매우 많았다고 한다. 이곳 얼음창고는 수많은 이용객에게 얼음을 공급해주던 창고였다. 그래서 얼음창고는 당시 돈을 많이 벌었던 사람들의 호화스러운 생활의 단면을 상징한다고 볼 수 있다.

얼음창고를 지나 철원읍 쪽으로 더 내려오면 농산물검사소가 나온다. 농산물검사소는 일제강점기였던 1936년부터 철원지방의 농산물을 대상으로 품질을 검

철원 얼음창고

철원 얼음창고 벽면에 희미하게
남아있는 구호가 보인다.

철원 농산물검사소

사하던 곳으로, 사실상 세금이라는 명목으로 철원지역의 곡식을 수탈하던 곳이라고 할 수 있다. 농산물검사소는 다른 건물들에 비해 비교적 양호한 상태로 보존되어 있다. 다른 건물들과 달리 외벽도 그런대로 남아 있고 내부도 2층을 올라가는 층계를 볼 수 있을 정도로 보존상태가 양호하다. 현재의 농산물검사소 건물은 2008년 이후 복구사업을 벌여서 깨끗해진 벽면, 온전한 창문과 연 베이지색 출입문을 갖추고 있다.

포화로 얼룩진 전쟁의 흔적,
구 철원제일교회와 새우젓고개

일제강점기. 번영의 중심지였던 철원도 전쟁 앞에서는 속수무책이었다. 번창하던 철원은 한순간에 황량한 폐허의 마을이 되었다. 설사 포화 속에 살아남은 곳이 있더라도 그곳은 총탄과 탱크에 의해 다시 파괴되었다.

—
구 철원제일교회 터

노동당사를 뒤에 두고 바라본 새우젓고개

전쟁 전까지만 하더라도 구 철원제일교회는 지하 1층, 지상 3층 규모의 교회로, 교인 수가 500여 명에 달하였던 교회다. 역사적 의미도 놓칠 수 없는데, 1919년 3월 10일 강원도에서 처음으로 3·1운동이 일어난 곳이기도 하다. 하지만 전쟁은 이 모든 것을 휩쓸고 지나갔다. 건물은 형체를 알아볼 수 없을 만큼 파괴되었고, 지금은 교회 터와 건물의 골격만이 간신히 버티고 서서 과거의 기억을 전할 뿐이다.

구 철원제일교회에서 월하리 쪽으로 조금 내려가다가 소이산 쪽으로 좌회전해서 조금만 올라가면 완만한 고갯길이 나온다. 그곳이 바로 '새우젓고개'이다. 새우젓고개는 옛 철원 사람들이 새우젓을 지고 이 고개를 넘었는데, 이곳에서 잠시 새우젓을 내려놓고 쉬어갔던 고개라고 해서 붙여진 이름이라고 한다.

새우젓고개는 구 철원 시가지에서 경원선 신탄리역으로 통하는 길목이다. 그래서 주민들은 이 길을 따라 생필품을 구하러 다니기도 하였으며, 돈을 벌기 위해 멀리 개성으로 길을 떠날 때도 이 고개를 넘어갔다. 또한, 이곳은 한국전쟁 당시 고개를 넘어 피난을 가려던 사람들이 몰살당한 아픈 역사를 담고 있는 비극의 현장이기도 하다. 지금은 그저 한적한 구불구불한 도로로 보일 뿐 그 예전의 번잡함도, 끔찍함도 알려주지 않는 이곳에 서서 구 철원 시가지를 내려다본다.

근대도시의 흥망성쇠,
철원 수도국 터 급수탑

새우젓고개에서 왼쪽으로 빠져나가는 길을 따라 올라가면 일제강점기에 철원 지역 전체에 물을 공급했던, 강원도 최초이자 유일의 상수도 시설인 '수도국지' 가 있다. 1937년에 발행된 〈철원읍지〉에 따르면, 당시 철원읍에서 상수도를 공급 받았던 인구는 500가구, 2,500명이었으며, 1일 급수 가능량이 1,500m³이었다고 하니 당시 강원도에서 철원은 매우 번창한 도시였을 뿐만 아니라 현대적인 생활 공간을 구축하고 있었던 대표적인 근대도시였음을 짐작할 수 있다.

하지만 분단은 이곳을 첨예한 남북대치의 현장으로 바꾸어 놓았다. 8·15해방 과 함께 철원은 북쪽 지역으로 편입되었고, 한국전쟁을 겪을 당시에는 노동당사 에 감금되어 있던 반공 인사들을 분류하여 이송·감금했던 곳이기도 하다. 또한, 1950년 10월 후퇴하던 인민군에 의해 약 300여 명의 민간인이 총살당하였는데, 이들 중 많은 사람이 물을 공급하는 급수탑 속에 생매장되었다.

철원수도국 터에
남아있는 급수탑

수도국지의 급수탑 곳곳에는 이와 같은 비극적인 살육의 기억들이 자리를 잡고 있다. 여기저기 난 총탄 자국과 사람들을 수장하였던 물탱크. 지금도 급수탑 안팎에는 비극적인 역사가 아로새겨져 있다. 수도국지의 안쪽에 자리 잡은 3기의 저수탱크로 가는 길은 무성한 잡초로 뒤덮여 있다. 가까이 다가가 지하 수조의 안쪽을 들여다보려 해도 그 서늘한 기운에 선뜻 몸이 앞쪽으로 기울어지지 않는다. 비록 일제강점기이기는 했지만, 근대도시로의 비상을 꿈꾸었던 강원도 유일의 상수도 시설은 그렇게 전쟁과 함께 악몽의 장소로 뒤바뀌었다.

미래를 여는 평화 도시, 철원

수도국지가 보여주는 철원의 영광은 아직도 '과거'로 남아 있다. 철원은 전쟁 이전 매우 번성하였던 곳이다. 그러나 일제강점기 번영의 중심지, 근대도시 철원의 겉과 속은 달랐다. 그 이면은 일제의 핍박과 수탈에 힘겨운 삶을 이어가던 사람들의 한恨으로 얼룩져 있다. 철원 사람들은 광복 후에도 분단으로 인한 체제-이데올로기 대결을 온몸으로 감내해야 하였으며, 한국전쟁을 겪으면서 모든 것을 내어놓아야 하였다. 이렇듯 철원은 분단폭력의 직접적인 대상이 되었으며 전쟁의 트라우마를 고스란히 담고 있는 상처의 땅이 되었다.

하지만 그 또한 우리 삶의 일부이며 우리 역사의 한 부분이다. 서로를 적대시하며 총구를 겨눴던 시간도 흘러가고, 전쟁으로 파괴된 땅에도 햇볕이 들고 나무와 새들이 찾아든다. 그리고 그렇게 새로운 삶이 시작된다. 과거를 기억한다는 것은 단순히 과거로 돌아감을 의미하지 않는다. 역설적이게도 과거를 기억함으로써 미래로 나아가는 힘이 생기는 것이다.

한반도 근현대사의 축소판인 철원이 한반도의 중앙인 지리적 역할을 다하여 평화 도시로 향하는 것을 기대해 본다. 한국전쟁의 격전지였던 철원이 앞으로 다가올 미래未來에 평화로운 공존의 도시가 되어 팽팽한 긴장을 허물고 평화의 공간을 확장하는 치유의 도시로 거듭나길 꿈꾸는 일은 과연 불가능할까?

3·1운동과 함께 한 구 철원제일교회

구 철원제일교회는 일제 강점기하 당시 철원지역의 대표적인 교회였다. 지하 1층, 지상 3층, 석축 건평 198평으로 교인 수가 500여 명에 달했던 유서 깊은 교회로, 원래는 1920년 재기 기념 예배당으로 철원 최초 붉은 벽돌 양식으로 건축되었다가 1937년 현 부지에 재건축되었다. 1919년 3월 10일 박연서 목사를 중심으로 강원도에서 처음으로 만세운동을 일으켰고, 1920년 일제에 의해 해산될 때까지 '철원 애국단'을 조직하여 항일운동을 벌이기도 하였다.

1942년 강종근 담임목사가 일제의 신사참배 요구를 끝까지 거부하다 구속되었고, 서대문 형무소에서 고문을 받다가 순교를 당하였다. 8·15 광복 전까지는 선교 활동과 육영사업을 진행하였다. 광복 후 북한 정권 아래에서는 구 철원제일교회를 중심으로 기독교 청년과 학생들의 반공 투쟁을 전개하였다. 한국전쟁 당시에는 북한군이 이곳을 막사와 병동으로 사용하였다. 3·1운동의 역사성과 전쟁 막사와 병동으로 차출된 전시 비극이 공존하는 또 하나의 아픈 장소다.

06

분단과 전쟁의 랜드마크 노동당사와 소이산에 부는 평화의 바람

| 노동당사 – 소이산 생태숲 녹색길 – 지뢰꽃길 – 생태숲
길 – 봉수대 오름길 – 소이산

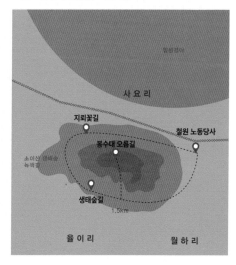

평화로 가는 출발점, 노동당사
땅속 미로의 군사기지, 소이산
파괴와 복원을 보여주는 길, 소이산 생태숲 녹색길
철조망 너머의 야생화와 지뢰밭, 지뢰꽃길
폭력에 대한 저항으로서 평화, 생태숲길
군사기지를 따라 걷는 길, 봉수대 오름길
소이산 정상에서 본 옥토, 철원평야
통일한반도 평화의 1번지, 소이산 정상

평화로 가는 출발점,
노동당사

　노동당사는 현재 DMZ 전체를 대표하는 랜드마크이자 접경지역 철원을 대표하는 상징적 장소다. 1994년에 발표한 서태지와 아이들의 「발해를 꿈꾸며」 뮤직비디오 촬영지와 KBS '열린음악회' 공연 장소 등으로 유명세를 치르긴 하였지만, 노동당사라는 건물은 그저 뼈대만 남아 있는 스산한 콘크리트 구조물에 지나지 않았다. 그래서인지 노동당사로 향하는 바깥 풍경이 맑음에도 불구하고 건물은 내내 회색빛의 연속으로 보인다. 막상 노동당사를 마주하고 앞에 서니 제일 먼저드는 생각은 '1946년에 완공되었음에도 그 크기가 어마어마하구나'였다.

　한국전쟁이 일어나기 전까지만 해도 이곳 노동당사는 철원, 김화, 평강 일대중부지역의 업무를 담당하였다. 거대한 크기에 대한 놀라움 뒤로 그제야 이 건물에 박힌 상처가 눈에 들어왔다. 전쟁 당시 폭격을 받아 내부는 무너져 내리고 건

노동당사(ⓒ 철원군청)

노동당사 앞 조형물(ⓒ 철원군청)

물 전체는 그을린 흔적이 역력하다. 각종 포탄과 총탄 자국이 곳곳에 박혀 있어 보조 구조물이 아니면 곧 무너져 내릴 것 같지만, 노동당사는 전쟁 이후 지금까지도 굳건히 그 자리를 지키고 있다.

노동당사 앞에는 통일을 염원하는, 높이 6.8km의 사람 모양의 조형물이 2018년 5월 30일에 설치되었다. 가슴 부분 LED 전광판 미디어 보드에서는 '시간: 분: 초'로 단위로 시시각각 흘러가는 분단의 시간을 보여줌으로써 분단의 아픔과 지속 시간을 되새기며, 미래를 향해 나가고자 하는 염원을 담고 있다.

또한, 심장을 상징하는 하트 모형의 전등은 심장 소리와 함께 반복적인 점등을 함으로써 통일의 벅찬 감정을 표현하는 '두근거림'을 형상화하고 있다. 그리고 바닥에는 철원의 향토 시인 정춘근이 쓴 「6시時와 12시時 사이」라는 시가 있는데, 이 시는 시계 시침의 형상화를 통해 분단을 다시 사유하도록 한다. 정춘근 시인의 「6시와 12시 사이」는 다음과 같다.

한반도는 지금 몇 시인가

남한의 모든 총과 대포는
12시 방향에 맞추어져 있고
북한은 6시로 고정되어 있다

남한의 시곗바늘이
6시로 가기 위해서는
3시 방향에 미국을 지나야 하고
북한 시곗바늘도
9시 방향 중국을 지나야 하는
가장 멀고 아득한
12시와 6시 사이

다시 생각하면
우리의 분단 시차는
한나절 6시간

그 짧은 시간 사이로
정지된 시계를 수갑처럼 찬
두 세대가 지나갔다

조형물을 뒤로 하고 노동당사 주차장 앞 길가로 걸어 나가면 일제강점기에 세워진 옛 도로원표가 보인다. 돌기둥 도로원표에는 평강 16.8km, 김화 28.5km, 원산 181.6km, 평양 215.1km, 이천 51.4km가 새겨져 있다. 도로원표는 행정 혹은 교통의 중심지에 위치하므로, 철원이 한반도에서 매우 중요한 도시였다는 것을 보여준다. 노동당사를 위시한 이 지역은 인구 2만 명이 넘는 철원의 중심지였다. 그런데 그 철원의 중심을 내려다보는 곳이 있다. 바로 노동당사 맞은편에 있는 '소이산所伊山'이다.

땅속 미로의 군사기지,
소이산

도로원표가 있는 도로를 가로질러 건너 남쪽으로 조금 내려가면 '소이산 생태 숲 녹색길' 안내판이 나온다. 안내판 너머로는 야트막한 언덕이라고 불러도 될 만큼 작은 봉우리 하나가 보인다. 1995년에 민통선이 현재 지점까지 북상하기 전의 해발 362m 소이산 일대는 민통선 이북에 속하는 중요한 군사지역이다.

소이산은 작은 산이지만 고려 시대부터 봉수대가 설치될 정도로 군사적 요충지였다. 그래서였을까? 한국전쟁 당시부터 소이산에는 미군의 미사일기지와 레이더기지가 자리 잡고 있었으며 철원평야를 지키는 군사적 요충지로서의 구실을 하였다.

소이산 정상을 향해 올라가면 정상 바로 아래, 군부대가 기거하던 막사와 지하교통호가 있다. 현재 이곳은 입구만 살짝 개방하고 있다. 하지만 본래 소이산은 겉으로 보이는 것과 달리 속은 텅 비어 있다고 한다. 정상에서부터 시작하여 산 아래까지 땅속으로 미로와 같은 교통호가 뚫려 있기 때문이다. 이곳에는 북쪽을 겨냥한 발칸포 및 레이더기지 등과 방공초소와 부대시설이 있었으며, 그 안에는 물탱크, 화장실, 부대정비 공간, 탄약고 2종 창고, 발전실 등이 갖추어졌다. 이처럼 소이산은 민간에게 개방되기 이전까지만 하더라도 수많은 진지와 벙커를 숨긴 군사기지였다.

아이러니하게도 소이산이 이처럼 중요한 군사기지였기 때문에 산 주위에는 적의 출입을 막

—
소이산의 지하교통호

는 지뢰가 설치되었고 오랜 세월 민간인의 출입이 통제되었다. 그런데 이러한 출입 통제가 소이산을 사람의 손길이 닿지 않는, 그들 자체의 독립적인 생태 환경을 구축하게 하였다.

2012년 민간인에게 완전히 개방되면서 이곳은 '지뢰밭이 지킨 평화의 숲'이라는 타이틀이 붙게 되었다. '지뢰밭이 지킨 평화의 숲'은 바로 이와 같은 상황에서 나온 것이다. 이처럼 소이산은 DMZ의 다른 지역처럼 '분단과 전쟁'이 역으로 자연 본래의 생태계를 형성할 수 있는 조건을 제공한 사례라는 점에서 'DMZ의 아이러니'를 보여주는 압축판이라고 할 수 있다.

파괴와 복원을 보여주는 길,
소이산 생태숲 녹색길

하지만 DMZ가 보여주는 아이러니는 분단의 적대적 환경이 자연생태를 보존하는 것으로만 드러나지는 않는다. DMZ를 단순히 '생태계의 보고'로만 보는 것은 환상이다. 순수한 자연생태는 존재하지 않는다.

DMZ에 조성된 생태계는, 이미 분단과 전쟁으로 훼손되거나 파괴된 자리에서 생명이 가진 복원의 힘을 통해서 다시 만들어진 생태계다. 따라서 그것은 이미 분단과 전쟁이 유발하는 파괴를 내재하고 있는 자연생태계로, 순수한 자연 생태계만 존재하는 것이 아니다. 소이산도 마찬가지다. 겉으로는 소이산의 자연 생태계가 소이산의 생태 환경을 완전히 복원한 것처럼 보여도 내부에는 거미줄처럼 파헤쳐진 인공적인 방공호와 교통로 등이 그대로 있다.

물론 이것을 메워 없앨 수는 있다. 또 어떤 사람들은 파괴 이전의 소이산으로 되돌리는 것을 꿈꿀 수도 있다. 하지만 이것은 자연적인 접근이 아니다. 오히려 자연을 파괴한 역사 그 자체도 자연 일부라 할 수 있다. 소이산의 생태계가 독특한 것은 그것이 바로 소이산 생태계의 일부이기 때문이다. 소이산 생태숲길이 가진 독특성은 바로 여기에 있다.

'소이산 생태숲 녹색길'은 군사시설이 있던 소이산을 시민들을 위한 트레킹 코스로 탈바꿈하기 위해 민·관·군이 협력하여 2011년 6월에 착공, 12월에 완공한 길이다. 하지만 이 길은 기존의 지뢰나 군사시설을 완전히 제거하여 순수생태환경을 복원하는 방식이 아니라 기존의 지뢰밭이나 군사시설을 그대로 살려서 조성한 점에서 차이가 있다. 그래서 소이산 생태숲 녹색길에는 자연생태만 있는 것이 아니다. 거기에는 생태숲길 이외에도 지뢰꽃길과 봉수대 오름길이 있으며 그 경로에 따라 각기 다른 풍경을 보고 느끼며 오를 수 있다.

철조망 너머의 야생화와 지뢰밭,
지뢰꽃길

—
소이산 생태숲 녹색길 안내판

소이산 생태숲 녹색길은 산 하단부를 둘러서 가는 '지뢰꽃길'과 산을 위로 가로지르며 오르는 '생태숲길', 그리고 산 뒤편의 다른 출발점에서 전망대를 향해 나선형으로 올라가는 '봉수대 오름길', 세 가지 길로 나누어져 있다.

안내판을 등지고 오른쪽으로 걸어가다가 삼거리에서 우회전을 두 번 하면 지뢰꽃길이 시작된다. 지뢰 안전지대와 민

지뢰꽃길에 핀 야생화

간인 출입통제 구역 사이에 난 '지뢰꽃길'은 "분단된 우리의 역사와 그 속에서 피어나는 희망을 표현"하기 위해 만들어진 길이다.

여전히 위엄 있게 서 있는 노동당사를 바라볼 수 있는 출발 지점의 작은 정자, 지뢰꽃 산방에서 가벼운 산책길이 시작된다. 산 하단부의 길을 따라가면 우측 철책에는 철원 지역 문인들과 시 동호회의 여러 작품이 걸려 있어서 방문객들의 발길을 계속 붙잡는다. 분단과 전쟁으로 인해 시작된 상호 간의 적대적 대립은 이곳에 지뢰밭을 남겼다. 하지만 이제 사람들은 생명을 파괴하기 위해 심었던 지뢰밭에서 평화와 통일을 꿈꾼다. 시화 작품들 하나하나가 우리의 삶과 분단의 아픔을 노래하고 있다. 그렇게 문인들은 소이산을 찾는 사람들과의 소통을 통해서 우리의 분단과 전쟁의 상처를 서로 치유해가고 있는 것인지도 모른다.

지뢰꽃길의 치유는 항상 팽팽한 긴장을 불러일으키기도 한다. 일제강점기 때 황폐한 산지를 복구하기 위한 사방림과 땔감을 산출하는 연료림 목적으로 심었다는 아까시나무를 중심으로 여러 종류의 나무와 앙증맞은 야생화가 탐방로 철조망 안쪽에 매설된 지뢰밭과 경계를 이루며 이어진다. 마치 야생화가 주는 치유에도 불구하고 분단과 전쟁은 아직 끝난 것이 아니라는 현실을 보여주는 것처럼. 그래서 1.3km 지뢰꽃길이 끝나고 생태숲길이 시작되는 바로 그곳에 정춘근 시인의 시 「지뢰꽃」 시비詩碑가 서 있는지도 모른다.

여기서 정춘근 시인은 다음과 같이 읊고 있다.

…지천으로 흔한 지뢰를 지긋이 밟고
제 이념에 맞는 얼굴로 피고 지는 이름 없는 꽃
꺾으면 발밑에 뇌관이 일시에 터져
화약 냄새를 풍길 것 같은 꽃들
저 꽃의 씨앗들은 어떤 지뢰 위에서
뿌리내리고 가시철망에 찢긴 가슴으로
꽃을 피워야 하는 걸까
흘깃 스쳐 가는 병사들 몸에서도 꽃 냄새가 난다.

폭력에 대한 저항으로서 평화,
생태숲길

소이산 주위엔 일제강점기 당시 토사방지림과 연료림으로 많이 심었다는 외래종인 아까시나무가 많아서 여름엔 양봉가의 벌통이 곳곳에 들어선다. 하지만 중턱 이후부터는 생강나무, 갈참나무, 때죽나무 등 토종 나무들이 늘어나면서 아까시나무가 점차 자리에서 밀려나고 있다. 이처럼 소이산은 외래종이 먼저 점령하고 있었던 산의 산림생태계가 자정능력을 회복한 이후 향토종이 자리를 잡아가는 생태학적 순환성과 종의 다양성을 보여주는 곳이다. 숲이 우리에게 새로운 삶의 활력을 제공해주는 것은, 그것이 다양한 종들의 향연장으로서 생명의 강인함을 보여주기 때문인지도 모른다.

생태숲길은 '지뢰꽃길'과 정상을 오르는 '봉수대 오름길'을 이어주는 긴 오솔길이다. 방문객들은 이 길을 걸으면서 소이산의 생태 환경을 오롯이 느낄 수 있다. 이곳에서 우리는 새 소리에 귀를 기울이고, 코를 간질이는 들꽃들의 은은한 향기를 느끼며, 작은 풀벌레들의 움직임에 시선을 주면서 조용히 숲길의 정취에 흠뻑 빠져 걸음을 옮기게 된다.

그 순간 한때 이곳 지하에 미군의 전술핵이 배치되었던 군사기지가 있었다는 사실도 까맣게 잊어버리게 된다. 이것이 원초적인 자연생태가 주는 평화다. 그렇기에 이것은 어쩌면 진정한 평화가 아닌지도 모른다. 왜냐하면 그것은 긴장감 도

생태숲길

는 남북의 군사적 대치 현장이라는 사실에 대한 망각에서 오는 평화일 수 있기 때문이다. 평화가 진정한 평화가 되기 위해서는 현실에 대한 망각이 아니라 자각으로부터 시작하여야 한다. 이런 점에서 소이산의 생태숲길은 언제나 '지뢰꽃길'과의 긴장 속에 존재해야 한다.

왜냐하면 한반도에서의 평화는 분단과 전쟁이 낳은 폭력의 상징인 지뢰를 해체하는 작업 속에서만 존재할 수 있는 평화이기 때문이다. 그렇기에 이 숲길은 평화가 저절로 주어지는 것이 아니라, 항상 폭력을 극복하는 행위를 통해서만 진정한 평화에 이를 수 있다는 것을 가르쳐 주는지도 모른다.

군사기지를 따라 걷는 길,
봉수대 오름길

봉수대 오름길은 소이산 아래에서 산 정상으로 가는 길이다. 봉수대 오름길은 산 아래에서 시작하지만 생태숲길을 빠져나오면 만나는 길이기도 하다. 봉수대 오름길에는 벙커, 군막사, 탄약고 등 눈에 띄는 군사시설이 많다. 정상 부근에 오르면 길이 양쪽으로 나누어진다.

남쪽의 계단을 오르면 2층 누각에서 360도로 주변을 내려다볼 수 있는 전망대에 이른다. 전망대에 설치된 투명 유리판에 주변 지역의 대략적인 위치가 표시되어 있지만, 주변의 나무와 수풀로 인해 시원한 조망을 제공해주지는 못한다. 철원 전체를 조망할 수 있는 곳은 남쪽 전망대가 아니라 북쪽의 평화마루공원 안의 정상에 있는 전망대다.

전망대를 다시 내려와 북쪽의 평화마루공원 안으로 올라가 보았다. 공원보다는 군부대인 듯한 인상을 받은 것은 입구 쪽에 있던 옛 미군 막사 건물 때문이었

봉수대 오름길에 만나는 미군부대의 막사

다. 평화마루공원 역시 산 밑에서부터 정상까지 다 뚫린 지하교통호가 있고, 그 안에는 물탱크, 화장실, 부대정비 공간, 탄약고, 발전실 등 수많은 진지와 벙커가 들어서 있다.

이곳 미군 막사와 군사시설을 지나쳐 산 정상을 향해 오르면 사각형 모양의 나무 데크가 있고 그 아래로 내려가는 계단이 있다. 나무 데크 아래로 난 계단의 끝에 철문이 있고 그 안에 있는 것이 바로 지하교통호의 일부로 시민들에게 개방된 곳이다. 그리고 나무 데크 옆으로 난 길 왼쪽으로 다양한 군 시설들이 산 정상을 둘러싸고 있다.

소이산 정상에서 본 옥토,
철원평야

소이산의 정상은 바로 나무 데크에서 위로 난 계단을 올라가면 있다. 앞쪽으로 걸어갈수록 드넓은 평강고원과 철원평야가 한눈에 들어온다. 그야말로 시야가 확 트이며 나지막한 탄성이 절로 튀어나온다. 지면으로부터 고작 200m 정도를 올라왔을 뿐인데 체감하는 높이는 거의 1,000m 같이 느껴진다.

마치 이곳이 산이 아니라 논으로 둘러싸인 거대한 철원의 평원에 홀로 떠 있는 작은 섬처럼 느껴지기도 한다. 겨울 맑은 날에는 논에서 먹이를 찾는 두루미를 육안으로도 관찰할 수도 있을 정도로 전망이 좋다. 소이산 정상에 서면 왜 여기에 봉수대가 있었는지, 어째서 궁예가 철원을 새 나라의 도읍으로 삼으려고 결심하였는지 이해할 수 있다.

오늘날 철원의 지형을 이해하기 위해서는 한반도 중부에 지질 시대 동안 지속된 두 번의 화산 폭발을 살펴보아야 한다. 금학산金鶴山과 지장봉地藏峰 등은 중생대 백악기 때 분출한 화산이 침식된 것이다. 철원평야와 한탄강의 현무암은 신생대 제4기에 북의 오리산鴨山에서 이루어진 10회 이상의 화산활동으로 만들어진 것이다.

당시 흘러내린 용암으로 인해 200∼500m 높이의 고원성高原性 평야 지대가 만들어졌다. 또한, 용암 일부는 한탄강의 지류를 막아서 작은 호수가 생겨나고, 한탄강 주위가 침식되면서 협곡이 되고, 용암이 굳어서 주상절리가 되었다. 이런 점에서 철원 아래의 땅은 한반도에서 가장 젊은 축에 속하는 지질을 갖고 있다. 게다가 철원의 용암대지는 표면의 비교적 얇은 현무암층 아래에 화강암층이 잘 발달하여 있어서 제주도처럼 수분이 완전히 빠져나가는 것이 아니라 적당한 지층에 물이 고여 벼농사에 적합한 지질을 갖추고 있다. 그래서 철원평야는 강원도 전체 면적의 5%밖에 안 되지만, 곡물 생산은 도 전체의 25%를 담당한다.

철원평야가 화산활동의 산물이라면, 소이산같이 작게 솟은 봉우리들은 원래 지금보다 높았던 산의 하단부가 용암에 잠기면서 산의 정상 부분만 남은 경우라고 할 수 있다. 물론 자연적 조건 때문에 오늘날의 철원평야가 존재하는 것은 결코 아니다. 오늘날의 철원은 원래 척박한 땅으로 알려졌지만, 관개시설의 확충과 한국전쟁 이후 들어온 이주 농민들의 노동과 헌신으로 비옥한 옥토가 되었다.

통일한반도 평화의 1번지,
소이산 정상

통일 이후 철원은 한반도의 중앙으로, 교통과 교류의 중심지가 될 가능성이 크다. 그렇게 된다면 이곳 소이산은 서울의 남산처럼 철원과 평강고원을 내려다보며 분단의 아픔을 공유하고 평화의 의미를 되새기는 1번지가 될 것이다. 소이산은 과거 전쟁의 기억을 치유하면서 평화를 전망할 수 있는 숲이 될 지리적 이점과 역사적 가치가 아주 높은 곳이다. 2006년 시민단체 '생명의 숲'은 소이산을 '천년의 숲' 수상지로 선정하였다.

하지만 앞에서도 설명하였듯이 소이산의 생태적 가치가 높은 데는 역설적인 부분이 존재한다. 소이산은 곳곳에 지뢰가 빽빽하게 묻혀 있어서 생태숲은 단순한 자연생태만이 아니라 폭력에 대한 저항으로서의 평화의 의미까지를 함께 되새길 수 있는 공간이 된다는 점이다.

소이산 정상에 올라오다 마주쳤던 평화마루공원의 조형물들이 다시 생각난다. 평화마루공원으로 들어오는 철문을 지나면 미군 막사 옆으로 각종 소품이 길을 따라 전시되어 있다. 이들 소품은 각종 병사용 장비들, 총과 포탄, 철모와 방독면, 그리고 야전삽과 배낭, 침낭과 물통 등을 활용하여 만든 것들이다. 그것들은 하나같이 전쟁의 도구였던 소품들을 활용하여 전쟁의 파괴성에서 벗어나 '평화'를 상상하고 있다. 그리고 그 길의 끝자락에 이들 염원을 모아 하나의 조형물을 설치해 놓았다.

그 조형물의 중간에는 빨갛게 새겨진 'PEACE(평화)'가 있다. 그리고 그것을 중심으로, 맨 위에서 'JOY(기쁨)'와 'LOVE(사랑)'를, 그리고 그 아래에 'HOPE(희망)'와 'FAITH(신뢰)'를 차례대로 좌우로 새겨놓았다. 아마도 이것은 평화의 1번지를 꿈꾸는 철원에 대해 다음과 같이 이야기하고 있는 것인지도 모른다. '평화'는 '기쁨'이다. 우리가 서로 '사랑'할 수 있도록 하기 때문이다.

하지만 평화는 그냥 오지 않는다. 우리는 아직도 분단된 채 서로 싸우고 있다. 그렇기에 우리는 '평화'를 만들 수 있다는 '희망'을 가지고 서로 불신의 벽을 깨뜨리는 '신뢰'를 지금부터 만들어가야 한다고 말이다.

철원을 사랑한 시인,
정춘근의 『지뢰꽃 마을, 대마리(2020)』

철원에서 태어나 철원에서 살며 시를 쓰고 있는 정춘근 시인의 시집 『지뢰꽃 마을, 대마리』에는 지뢰밭이었던 대마리를 개척한 이주민들의 절절한 삶이 고스란히 담겨있다. 시인은 한국전쟁을 직접 겪지 않은 세대지만 자신의 작품으로 고향 땅에서 벌어진 애절한 사건들을 기록할 뿐만 아니라 그 아픔을 시로 승화시키고 있다. 그의 대마리 이야기는 75편으로 이루어져있으며, 앞서 서술한 바 있는 「지뢰꽃」의 후속편으로 볼 수 있다.

정춘근 시인의 '지뢰꽃' 시비

07 _____

이태준과 철원
환영받지 못한 고향에서 그의 문장을 읽다

| 이태준생가터 – 촌뜨기길 – 독서당 – 백마고지역 – 이태준문학비

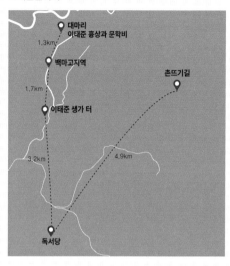

이태준, 분단으로 사라진 작가의 흔적을 걷다
이태준생가터, 홀로 서 있던 낡은 팻말의 기억
촌뜨기길, 이태준의 작품을 따라 걷는 일제강점기 화전민의 삶
독서당, 글 읽던 곳은 사라져도 남은 그의 글
백마고지역, 우리 안의 분단 트라우마에 대한 응시
이태준문학비, 대마리에서 바라본 북녘

이태준,
분단으로 사라진 작가의 흔적을 걷다

'한국 단편소설의 완성자'로 불리는 상허尙虛 이태준李泰俊(1904~?)의 고향故鄕이 철원이라는 사실은 그의 명성에 비해 덜 알려져 있다. 이태준은 서구에서 유입된 근대문학 장르인 단편소설의 형식적 완성과 예술적 가치를 확립한 작가다. 1930년대 한국 문단을 주도하였던 그의 문학적 경향은 이상·박태원·이효석·김유정·김기림·정지용·유치진 등 당대 문단의 촉망 받는 젊은 작가들이 교류하던 '구인회九人會'로 대변된다. 옛것을 숭상하는 취향, 여운이 풍부하면서도 절제된 문장, 생생한 인물 묘사는 흑백사진 속 준수한 얼굴과 함께 오늘날의 독자들도 금방 매료시킨다. 대중에게 올바른 우리말 글짓기를 가르치는 연재물을 모은 『문장강화文章講話』와 그의 짧은 산문집 『무서록無序錄』은 80년 세월을 넘어 지금도 판매되는 스테디셀러.

1940년대 중반의 이태준(© 서울대 영어영문학과 김명렬 명예교수)

그런데 '최고의 문장가'라는 당대 문단의 평가와는 달리 이태준의 육신과 영혼은 이 나라 어디에서도 보금자리를 찾지 못하고 있다. 전쟁 이후 '월북越北 작가'라는 꼬리표가 달린 그는 철원에서도 환영받을 수 없는 존재가 되었기 때문이다. 북쪽에 대한 적대심이 강하고 반공주의·안보주의의 보루와도 같은 접경지역인 철원, 그중에서도 DMZ가 코앞인 그의 고향 마을에서 이태준은 숨기고 싶은 문화 인물이었다. 1988년 해금解禁 조치 이후에도 그는 온전한 '우리 문학의 기억'으로 돌아오지 못했다. 38선 이북이었던 이 지역의 원주민들은 전쟁 후 모두 사라지고, 고향에서 이태준은 오랫동안 타향他鄕 사람보다 못한 '빨갱이'일 뿐이었다.

하지만 실제 지명으로도 등장하였던 철원은 이태준 소설의 주요한 무대였다. 이태준은 1909년 부친을 따라 블라디보스토크로 이주하였으나, 같은 해 8월 부친을 잃고 다시 귀국길에 오른다. 1912년 모친의 별세로 외조모의 손에 이끌려 철원 용담으로 귀향해 친척에게 몸을 맡겼다. 그는 불우하게 보낸 어린 시절의 고향을 잊지 않으려 애썼지만, 전쟁 이후 허리가 잘린 '수복지역'이 된 철원은 고향 사람인 그를 망각할 수밖에 없었다. 남북분단과 한국전쟁이 우리 모두의 몸과 마음에 아로새긴 상처는 그의 문학적 성취를 있는 그대로 볼 수 없게 만들었다. 사실 이태준은 일제강점기에 계급의식의 각성과 사회주의적 실천을 강조하는 카프(KAPF) 계열의 문학과는 거리가 멀었다. 모더니즘 계열의 순문학을 추구하였던 1930년대의 경향만을 생각하면, 해방 이후 사상의 급진적 변화와 1946년 여름에 그가 북으로 건너갔다는 소식은 의아한 것이었다.

그렇다면 인생을 음미하며 늙어가고 싶다던 상허는 북에서 어떻게 살았을까. 종군작가로 '낙동강 전선'까지 내려왔던 이태준은 1956년 격렬한 '반종파 투쟁'에 휘말리며 작가로서의 생명을 잃고 몰락하였다. '숙청' 이후 노동신문사 교정원을 거쳐 콘크리트블록 공장의 고철 수집 노동자로 살았던 자연인 이태준의 행적은 북에서도 지워졌다. 유년 시절부터 죽음까지 소설보다 더 소설적인 이태준의 삶은 '역사의 미아'가 된 다른 월북 인사들처럼 애석하기만 하다. 단지 확실한 것은 한국 초기 단편소설의 예술적 성취에 대해 말할 때, 그리고 훗날 남북의 평론가들이 함께 모여 한반도 현대문학사를 쓸 때 상허는 결코 빼놓을 수 없는 '별'이라는 점이다. 그가 평생 그리워했던 '고향'(단편소설 「고향」, 〈동아일보〉, 1931. 4.21~4.29.)으로 가보자.

> '고향! 나는 지금 고향으로 돌아간다. 그러나 나의 고향은 어데냐?'
> 윤건은 막상 동경을 떠나고 보니 생각했던 것보다 앞길이 너무나 막연하였다. 그에겐 고향이 없었다. 누가 "고향이 어데시오?"하고 물으면 그는 서슴지 않고 "강원도 철원이오" 하고 대답하지만 강원도 철원에는 김윤건의 집은커녕 김윤건의 이름조차 알 만한 사람이 몇 사람 없었다.

이태준생가터,
홀로 서 있던 낡은 팻말의 기억

그의 집은 철원 어디였을까? 묘장면歙長面 산명리山明里라는 옛 주소로 알려진 이태준의 출생지 '용담龍潭'과 함께 그가 고향으로 여겼던 곳은 휴전선 너머 철원 북쪽에 있는 '안협安峽'이라는 곳이다. 성북동 생활을 정리하고 상허가 안협으로 낙향한 것은 1943년이었다. 그는 거기서 일제강점기 말의 극악한 탄압 속에서 지식인으로서 양심을 지키기 위해 1945년 해방될 때까지 칩거한다. 하지만 그 안협의 집은 현재 북쪽 땅이니, 남쪽에서 이태준의 생가로 삼을 수 있는 곳은 그가 태어났고 자랐던 '용담마을'일 것이다. 철원과 연천의 경계에 있는 용담은 대마리大馬里 4반 지역으로 분류되곤 한다.

'백마고지白馬高地'로 유명한 대마리의 길목인 대마사거리는 경상남도 남해군

성북동 자택에서 찍은 이태준의 가족 사진(© 서울대 영어영문학과 김명렬 명예교수)

남쪽 바다 끝에서 평안북도 초산군 압록강 앞까지 이어지는 국도 3호선의 남측
중단점이다. 이곳에서 '백마고지역'을 지나 경기도 연천군 방향으로 약 1.5km 정
도 더 내려오면 짧은 내리막길이 끝나는 지점 우측에 비포장도로와 밭이 보인다.
행정구역상 주소가 율이리栗梨里 356번지인 이곳은 상허가 유년기를 보낸 용담의
입구인 셈인데, 사유지인 밭 중앙에 덩그러니 낡은 팻말 하나가 서 있다. 녹이 슨
철판 지붕 아래 나무판자엔 '철원 출신 한국 단편소설의 완성자', '상허 이태준 생
가터', '1995년 7월 15일 철원문학회'라는 글자가 새겨져 있다.

　작가의 명성과 극명한 대조를 이루는 빛바랜 팻말은 깨나 콩을 심는 밭 가운
데 듬성듬성한 풀숲에 가려져 있었지만, 2020년 봄 이후론 사라져 보이지 않는
다. 거기서 그가 고향을 추억하며 쓴 문장들을 읽노라면, 그의 작품을 읽지 않은
사람들도 정체 모를 스산함에 젖어들 것이다.

내 고향 용담은 산 많은 강원도에 있다. 철원 땅이지만 세상에 알려진 금강산 전철과는 아무런 상관없이 고요히 정거장도 없는 경원선 한 모퉁이에 산을 지고 산을 바라보고 그리고 사라지는 연기만 남기고 지나다니는 기차들이나 물끄러미 바라보고 앉았는 조그만 산촌이다.

서울서 차를 타고 나면 세 시간이 다 못되어 이 동네 앞을 지난다. 차가 지날 때마다 채마밭머리에서 장독대에서 사람들이 내어다 본다. "내다오오"하고 소리는 못 질러도 수건을 내어 흔들며 모두 알아보고 형님뻘 되는 사람 동생뻘 되는 사람, 흔히 십 리나 되는 정거장 길에 마중 나온다.

용담은 아름다운 촌이다. 금강산과는 먼 곳이지만 그와 한 계통인듯하게 수려한 산수는 처처에 승경(勝景)을 이루어 있다. 뒤에는 나지막한 두매봉 재가 조석으로 오르기 좋은 조그만 잔디밭 길을 가지고 있으며 앞에는 언제든지 구름을 인 금학산이 창공에 우뚝하니 솟아 있다. 손을 씻으려면 윗골과 백학골에서 흘러나오는 옥수천이 있고 수욕(水浴)이나 천렵이나 낚시질이 하고 싶으면 선비소, 한내다리, 쇠치망, 진소, 칠송정 모두 일취일경이 있는 곳이다.

          – 수필 「용담 이야기」(《신동아》, 1932. 9월호) 중에서

생가터 안쪽의 고향 마을인 용담의 지명엔 이태준의 어린 시절 추억이 곳곳에 묻어있다. '선비소, 한내다리, 두매봉 재, 금학산, 윗골, 백학골, 옥수천, 쇠치망, 진소, 칠송정'. 이런 작은 지명들은 고향을 배경으로 한 그의 작품이 없었다면, 전쟁 후 폐허가 된 용담에서 기억하기 어려운 곳들이었을 것이다. 그는 작가로 이름을 알린 후에도 종종 고향에 와서 오촌 당숙이자 독립운동가였던 이봉하李鳳夏(1887 ~1963) 선생 집에 머물렀다. 이봉하 선생의 손녀 이소진 여사는 당시 마을 사람들이 서울에서 성공한 그가 오면 자랑스러워하였다고 전한다. 그렇다면 지금의 생가터는 상허가 태어난 집터가 아니라 어린 시절 의탁하였던 친척의 집터일 것이다. 타지에서 부친과 모친을 모두 떠나보낸 소년 이태준이 외조모의 손에 이끌려 몸을 맡겼던 바로 그 친척 집이다.

—
이태준 생가 터에 서 있던 안내판

그가 생전에 유일하게 졸업한 모교인 봉명소학교조차 사라진 고향, 빠르게 도시로 변화해가는 철원에 돌아올 때마다 식민지의 지식인으로서 상허는 어떤 생각을 하였을까. 그가 태어난 실제 고향이 한국전쟁 이전 남북을 갈라놓았던 38선에서 꽤 올라간 이북에 있었다면, 그의 월북은 금지된 경계를 넘은 것이 아니라, 고향 땅으로의 회귀라고 부르는 것이 타당하리라.

촌뜨기길,
이태준의 작품을 따라 걷는 일제강점기 화전민의 삶

'촌뜨기길'은 철원의 옛 중심지인 관전리官田里에서 이야기를 시작하는 소설 「촌띄기」(1934)를 따라 만들어진 길이다. 작품 속에 등장하는 실제 배경 순서에 맞게 안내 팻말을 세워둔 이 탐방로는 주인공과 함께 걸어가듯이 작품을 체험적으로 감상할 수 있다는 점에서 이색적이다. 2016년 철원군청이 한국예총 철원지회와 함께 만든 촌뜨기길은 소이산 뒷길로 들어가서 지금의 율이리 들판을 휘돌아나간다. 이 옛길을 따라 학교에 다녔던 이태준의 추억은 작품 속 가슴 시린 이야기와 함께 오늘날의 독자들에게도 전해진다.

노동당사 옆에서 시작하여 총 5.4km 거리로 약 2시간이 걸리는 이 둘레길은 작품 속 배경마다 설치된 13개의 안내판을 따라 걷도록 구성되어 있지만, 도로나 농경지로 인해 원활한 탐방 조건을 갖고 있지는 못하다. 그런데도 「촌띄기」를 읽은 독자라면 이 길을 걸으며 그 문장들 속에 남아 있는 상허의 고향에 대한 진한 애정과 식민지 민초들에게 보낸 애처로운 연민을 느낄 수 있다.

이태준이 1934년 3월 〈농민순보〉에 발표한 소설 「촌띄기」는 일제의 집요한 수탈과 착취의 실상, 그리고 억압적인 조건 아래에서 식민지 최하층 민중이 겪는 막막한 고난을 그렸다. 당시 철원평야의 중앙부는 경원선의 중간 기착지이자 금강산전기철도 환승역이 통과하는 '철원역'이 건설되어 근대도시로 개발되고 있었

촌뜨기길 안내도

다. 그런 시대적 상황 속에서 힘겨운 생존 투쟁을 벌이던 화전민 '장군이'는 결국 한 뼘의 농사지을 땅도 얻지 못하고, 아내와도 다시 헤어지고 철원을 떠나며 서러운 눈물을 삼킨다.

독서당,
글 읽던 곳은 사라져도 남은 그의 글

촌뜨기길의 대부분을 차지하는 율이리는 '독서당讀書堂마을'로도 불린다. 그 이름처럼 밤나무와 배나무가 많았는지는 모르겠지만, 이태준의 작품에서 이곳은 '독서당리'나 '독시장'으로도 등장한다. 1943년 〈국민문학〉에 발표된 단편소설 「돌다리」는 독서당 마을을 배경으로 병원 확장을 위해 땅을 팔자고 설득하는 의사 아들과 땅을 지키려고 하는 아버지의 갈등을 그리고 있다.

> 천금이 쏟아진대두 난 땅은 못 팔겠다. 내 아버님께서 손수 이룩허시는 걸 내 눈으로 본 밭이구, 내 할아버님께서 손수 피땀을 흘려 모신 돈으루 장만허신 논들이야. 돈 있다고 어디가 느르지 논 같은 게 있구, 독시장 밭 같은 걸 사? 느르지 논둑에 선 느티나문 할아버님께서 심으신 거구, 저 사랑마당엣 은행나무는 아버님께서 심으신 거다. 그 나무 밑에 를 설 때마다 난 그 어룬들 동상이나 다름없이 경건한 마음이 솟아 우러러보군 헌다. 땅이란 걸 어떻게 일시 이해를 따져 사구 팔구 허느냐? 땅 없어봐라. 집이 어딨으며 나라가 어딨는 줄 아니? 땅이란 천지만물의 근거야. 돈 있다구 땅이 뭔지두 모르고 욕심만 내 문서 쪽으로 사 모기만 하는 사람들, 돈놀이처럼 변리만 생각허구 제 조상들과 그 땅과 어떤 인연이란 건 도시 생각지 않구 헌신짝 버리듯 하는 사람들. 다 내 눈엔 괴이한 사람들루 밖엔 뵈지 않드라.

원래 조선 시대에 '독서당'이란 곳은 뛰어난 젊은 문관을 선정해 고향에서 조용히 학문에 몰두할 수 있도록 배려한 장소였다. 이에 비해 율이리 독서당은 마을 사람들이 함께 독선생獨先生을 두고 글 읽기를 즐긴 서당과 같은 데서 이름이 유래하였다고 전해진다. 이처럼 입에서 입으로 전해진 지명인 탓에 현재 '독서당교', '독서당길' 외에는 독서당과 관련된 직접적인 흔적은 남아 있지 않다.

다만 2006년 율이리에 들어선 폐기물처리장 주변에서 뜻하지 않게 그 이름을 발견한다. 철원군의 생활폐기물을 트럭으로 반입하는 환경미화원과 군 장병의 대기 장소로 쓰이게 될 작은 정자가 2015년 철원 환경자원사업소 입구에 세워졌는데, 그 정자에 '독서당'이라는 간판이 붙은 것이다. 이렇게라도 그 유서 깊은 명칭을 확인할 수 있어서 다행이라고 할지, 그 장소가 애석하다고 할지 고개를 가우뚱하며 발길을 옮긴다.

백마고지역,
우리 안의 분단 트라우마에 대한 응시

이태준은 온건한 모더니스트에서 해방 직후 급진적인 사회주의자로 변신하는데, 이는 아마도 무기력하게 숨죽이며 지냈던 일제강점기 말의 자책과 울분에서 나온 변화일 것이다. 이태준은 1946년 7월 조선문학가동맹朝鮮文學家同盟에서 발행한 〈문학文學〉 창간호에 단편소설 「해방전후」를 발표하였다. '한 작가의 수기'라는 부제를 단 이 소설은 자신의 일부 친일 활동에 대한 자아비판과 사상의 급변에 대한 심경을 담은 자전적 작품이다. '8·15 광복'의 기쁨을 누렸던 고향의 모습은 상허의 작품에 이렇게 묘사된다.

"일본이 지고 말았다면 우리 조선이 어떻게 될 걸 짐작들 허시겠지요?"

그제야 그것도 조선옷 입은 영감 한 분이,

"어떻게든 되는 거야 어디 가겠소? 어떤 세상이라고 똑똑히 모르는 걸 입을 놀리겠소?"

한다. 아까는 다소 흥미를 가지고 지껄이던 운전사까지,

"그렇지요. 정말인지 물어보기만도 무시무시헌 걸요."

하고, 그 피곤한 주름살, 그 움푹 들어간 눈으로 버스를 운전하는 표정뿐이다.

현은 고개를 푹 수그렸다. 조선이 독립된다는 감격보다도 이 불행한 동포들의 얼빠진 꼴이 우선 울고 싶게 슬펐다.

'이게 나 혼자 꿈이나 아닌가?'

현은 철원을 와서야 꿈 아닌 『경성일보』를 보았고, 찾을 만한 사람들을 만나 굳은 악수와 소리 나는 울음을 울었다. 하늘은 맑아 박꽃 같은 구름송이, 땅에는 무럭무럭 자라는 곡식들, 우거진 녹음들, 어느 것이고 우러러 절하고 소리 지르고 날뛰고 싶었다.

이 자전적인 작품에는 해방 이후에도 반민족 행위를 일삼는 문인들이 목소리를 높이는 현실을 개탄하는 작가의 모습이 투영되어 있다. 해방 이후 외세에 의해 남북이 분단되고, 극심한 이데올로기 대립을 겪으며 일제강점기를 견뎌온 동포들이 서로 죽일 듯이 싸우는 모습이란 도무지 참기 어려운 것이었으리라. 그렇지만 그는 역사의 길목에서 이제 어느 한쪽을 선택해야만 하는 순간에 도달했다. 해방 공간에서 적극적인 단체활동과 남쪽 사회에 대한 비판은 그의 월북을 이해하는 배경이 되기도 한다. 그런데 첨예하게 나누어진 그 '경계' 위에서 자신의 급격한 방향 전환이 인생 후반부 작품활동을 불가능하게 만들 게 되리라고는 월북 당시의 그로서는 도무지 짐작할 수 없었을 것이다.

일제가 식민지 수탈을 위해 가설한 경원선 철로는 드넓은 철원평야를, 그리고 역사의 소용돌이 속에서 신산辛酸한 운명에 빠진 이태준의 삶을, 그리고 76년이

넘는 세월 동안 갈라져 있는 남북을 가로지른다. 상허는 1930년대 당시 빠르게 번화가로 변하며 인구가 늘어나던 철원읍의 풍경을 어떻게 보았을까. 서울역에서 경원선 기차를 타고 온 이태준이 '철원역' 플랫폼에 내리면 친구들이 마중을 나와 있었다는 상허의 어느 문장을 읽으면, 지금의 그 폐허 위에선 상상하기 어려운 장면에 아득해진다.

그런데 2007년 백마고지역의 역명을 결정할 당시의 이야기는 계속 회자한다. 대북 안보의 상징적인 장소인 백마고지역을 대체할 다른 새 역명은 없는 것처럼 보였다. 그러나 지역민 중 일부가 새롭게 제시한 것은 주변의 역사적 자원과 근대 문화를 포괄적으로 활용할 수 있는 '이태준역'이었다. 상허와 관련된 아무런 기념 시설이 없음에도 불구하고 당시 철원군청 추산으로도 연간 5만여 명이 그 흔적을 찾기 위해 철원을 찾고 있었지만, '이태준역' 명명에 대한 군부대의 '반대'는 강력하였고, 최종 결과는 뻔한 것이었다. 결국 남북협력의 산물인 경원선 복원사업은 '평화'를 확장하고 역사의 아픔을 '치유'하는 과정으로 활용된 것이 아니라, 여전한 소모적이고 적대적인 체제경쟁 상황에서 안보교육의 수단으로 활용되고 말았다.

이 사례는 우리가 살아온 분단 시대가 만들어낸 북에 대한 적대감이 얼마나 뿌리 깊고 견고한 것인지 잘 보여준다. 그의 작품 속에 등장했던 옛 경원선로가 새로운 선로의 복원공사 이후 '외로운 섬'처럼 남았듯이, 분단 시대를 지나오며 딱딱하게 굳어진 고향의 마음은 상허와 계속 불화하고 있다. 우리 마음 깊은 곳에 세워진 '장벽'을 해체하는 과정은 끊어진 철길을 복원하는 작업이나, 봉우리 위의 GP를 철거하기보다 훨씬 어려운 것일지 모른다. '백마고지역'과 '이태준역' 사이, 좁히기 어려웠던 견해 차이 그 어딘가에 우리 안에 내재한 '분단의 트라우마'가 존재하리라.

그 아픔은 남북의 분단과 전쟁을 직접 겪지 않았지만 계속 세대를 넘어 전해진 '마음의 생채기'에서 비롯된 것이다. 2018년부터 불어온 '평화의 봄바람'이 그

상처를 보듬고 치유하지 못한다면 이태준은 결코 고향에서 환영받을 수 없을 것이다. 고향에 대한 기억은 미래를 향해 끊임없이 다양하게 재구성되고 풍부하게 재발견되어야 한다. 촌뜨기길을 주도적으로 기획하였던 시인 정춘근은 이렇게 말한다. "상허 이태준은 월북작가라는 이유로 고향인 철원에서조차 제대로 된 평가나 조명을 받지 못하였는데, 이 촌뜨기길을 통해 지역의 인적·물적 유산을 선입관 없이 객관적으로 재조명할 수 있길 바랍니다." 식민, 분단, 전쟁으로 이어지는 민족사의 고난이 생산하는 고통은 한 세대만의 적대감과 증오 감정에서 그치지 않는다.

이태준 문학비,
대마리에서 바라본 북녘

백마고지가 보이는 대마리 '두루미평화정보화마을'의 영농조합법인에서 운영하는 식당이자 홍보관인 '두루미평화관' 앞에는 '이태준 문학비'와 '이태준 흉상胸像'이 세워져 있다. 아무리 봐도 어울리지 않는 생뚱맞은 곳에 서 있다. 그 위치만 보아도 '월북작가'를 기리는 비석을 세우는 과정 자체가 강한 반대에 부딪혀 쉽지 않았을 것이라고 짐작할 수 있다. 비석은 '이태준 탄생 100주년 기념사업'의 하나로 (사)민족문학작가회의, 대산문화재단, 철원문학회가 주축이 되어 2004년 10월에 건립하였다.

2019년에는 두루미평화관 뒤편 농지를 매입하여 만든 '생명평화일굼공원'을 개장하였다. 막대한 예산을 투입하여 2만6,570m²의 면적에 각종 조경과 편의시설을 갖춘 이 문화공원에는 녹지와 정원, 연못과 생태수로, 수변 데크, 가족 쉼터, '생명의 마당', 평화전망대, 다목적운동장, 체력단련장 등이 조성되었다. 하지만

이태준 문학비

이태준 흉상

이태준과 그의 문학에 대한 기억이 들어설 공간은 단 한 뼘도 허용되지 않았다.

그러든 말든 흉상으로 만들어진 이태준의 차가운 얼굴은 군사분계선 너머 북녘을 응시하고 있다. 그런데 동상의 양쪽 어깨높이가 비대칭이다. 제작자는 남과 북 양쪽에서 잊혀 온 이태준의 비애를 표현하고 싶었다고 말하였다. 좌우 균형이 맞지 않는 삐딱한 어깨 형상이 마치 남과 북 어디에서도 안식처를 찾지 못한 그의 삶을 보여주는 것 같아 계속 눈에 밟힌다. 다시 그의 소설 「고향」으로 돌아가 보자.

> 내 고향은 철원도 아니요, 배기미도 아니요, 서울도 아니다. 부산 부두에 발을 올려 딛는 때부터 내 고향이다. 내 고향은 나에겐 편안히 쉴 자리를 줄 리가 없다. 그것을 바라고 그것을 꾀할 나도 아니다. 그곳에는

여러 동무들이 있을 것이다. 어서 신 들메를 끄르지 말고 그대로 뛰어나 오시오. 당신만은 몸을 사리고 저편에 붙지 말고 용감하게 우리 속에 와 끼어 주시오. 이렇게 부르짖는 힘차고 씩씩한 친구들이 나를 맞아 줄 것이다. 오! 어서 닥뜨려라고!

문학비 뒷면에 새겨진 작품 속 구절은 마치 작가 자신의 운명을 예감한 것 같은 말이다. 원래 '고향'이란 말의 첫 번째 사전적 의미는 태어나 자랐거나 조상이 오래 살던 곳이다. 두 번째 의미는 '늘 마음으로 그리워하거나 정답게 느끼는 곳'이다. 이태준이 고향 마을에 와서 느꼈던 정답고 평화로운 마음을, 그를 그리워하며 철원을 찾는 사람들도 함께 느낄 수 있을 때 비로소 고향이라 부를 수 있으리라. 그 고향은 남북 사이에서 길을 잃어버린 사람들이 편히 쉴 수 있는 '화합의 땅'일 것이다. 그곳은 좁은 경계에 끼어 있던 상허만의 고향이 아니라 활짝 열린 이 땅 전체일 것이다. 그래서 '이태준 문학마을'은 단지 누군가의 꿈이 아니라 우리 모두 만들어갈 평화로운 미래기도 하다.

소설 「촌띠기」의 주인공 장군이와 함께 '촌뜨기길' 걷기

철원에서 활동하는 시인인 정춘근 선생의 노력이 깃든 '촌뜨기길'의 출발점은 장군이가 구류 생활을 마치고 나오는 소설의 첫 장면과 같은 '옛 철원경찰서'다. 노동당사 옆 울타리 안에 무너진 한 무더기의 콘크리트 잔해가 그곳이다. 전쟁 당시 북한군이 다시 이곳의 물자를 사용할 수 없도록 하기 위한 미군의 '초토화 작전'으로 폭격기들은 강원도의 번성한 도시인 철원 시가지를 그야말로 잿더미로 만들었다.

철원경찰서지
미군 항공촬영으로 남은 사진에 노동당사와 폭격으로 무너지기 전의 경찰서 건물이 보인다.

철원경찰서의 흔적

소설 「촌띄기」의 이야기가 시작하는 철원경찰서가 전쟁 이후 폐허로 남은 모습이다.

폐허로 남은 철원경찰서 터에서 출발한 촌띄기길은 노동당사 옆의 두 번째 구간인 옛 철원면사무소 자리에서 '소이산' 방향으로 길을 꺾는다. 그리고 지금은 직선의 농지로 구획된 '안악골'을 지나, 전쟁의 흔적이 여전히 남아 있는 '지뢰밭'을 돌아가는 이 길은 '율이리 고개'를 넘어 '떡전거리'에서 마무리된다. 마지막 구간인 '떡전거리에서 이차떡을 먹던 곳'과 '다시 이별을 하는 관전리 길'을 배경으로 하는 단편소설 「촌띄기」(1934)의 마지막 장면은 이러하다. 사라지는 아내의 뒷모습을 보며 눈물을 머금고 고향을 떠나는 장군이의 서러움이 전해진다.

장군이는 떡장사에게 떡값을 치르고는 또 십 전짜리 다섯 닢을 꺼내었다.

"이거 받아…… 열 냥이나 채 가지고 가………."

아내는 받지 않았다. 장군이는 자꾸 손을 내어미는데 아내는 받지 않고 돌아섰다.

장군이는 또 소리를 꽥 질렀다.

"받어……."

아내는 할 수 없이 받아서 또 치마끈에 옭쳐매었다.

"이 길로만 사뭇 내려가. 그럼 큰길이 되니…… 큰길로만 자꾸 가면 알지 뭐……."

아내는 눈물에 흐린 눈으로 남편을 돌아보느라고 몇 번이나 남과 부딪치면서 아랫장거리로 타박타박 내려갔다. 장군이는 멍청하니 큰길 가운데 서서 아내의 뒷모양만 바라보았다. 아내의 그림자가 거의 이층집 모퉁이로 사라지려 할 때였다. 무엇인지 갑자기 허리가 다 시큰하도록 볼기짝께를 들이받았다. 쓰러질 뻔하면서 두어 걸음 물러나 얼굴을 돌리니 얼굴에는 대뜸 불이 번쩍하는 따귀가 올라왔다. 그리고 뺨을 때린 손길과 같이 날카로운 소리가 났다.

"이 자식아, 왜 큰길에 떡 막아서서 종을 울려도 안 비켜나? 촌뜨기 녀석 같으니……."

08

철원
DMZ생태평화공원을
거닐다

| 승리전망대 – DMZ생태평화공원 방문자센터 – 십자탑
전망대 – 암정교 – 용양보 – 지뢰숲탐방로

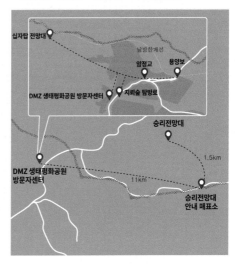

승리전망대, DMZ 정중앙에서 바라보는 북녘
DMZ생태평화공원 방문자센터, 비무장지대 생태탐방
출발지
십자탑전망대, 아름답고도 고요한 분단의 경계
암정교, 북에서 흘러오는 물길 위에 남은 다리
용양보, 청정한 생태습지에서 느끼는 평화로움
지뢰숲탐방로, 전쟁의 상처에서 배우는 평화의 가치

승리전망대,
DMZ 정중앙에서 바라보는 북녘

전쟁으로 인해 분단된 도시인 철원의 지형은 동서로 넓게 펼쳐진 모양이다. 특히 철원의 동북부 DMZ 지역은 험준한 산악지형이어서 철원평야가 펼쳐진 서북부보다 접근성이 떨어진다. 군사분계선과 인접한 철원의 전망대 4곳 중 가장 동쪽에 있는 승리전망대는 이 지역에 주둔해 있는 육군 제15사단 승리부대의 이름을 딴 전망대다.

'군사분계선 155마일' 중 정중앙에 있으며 2002년에 개관된 이곳은 철원군에서 운영하는 안보 견학 코스 중 하나로 운영되고 있으며, 근남면 마현리馬峴里의 '승리전망대 매표소'에서 안내를 받아 정해진 시간에 출발할 수 있다. 민통선 이북의 민간인 개척 마을이었던 마현리는 현재는 민통선 이남에 속해 있다. 군사적

승리전망대(© 철원군청)

요충지의 한 가운데 있는 해발 495m에 들어선 이 전망대는 철원의 다른 여행지들과 연계되기 어려운 위치에 있어서 홀로 덩그러니 떨어져 있는 것 같다.

하지만 '철원 DMZ생태평화공원' 탐방과 연계한다면 승리전망대도 비교적 쉽게 방문할 수 있는 동선에 있으며, 많은 사람이 찾아 다소 소란스러운 철원평화전망대보다 고요한 가운데 DMZ의 사계四季를 관찰할 수 있는 곳이다. 전망대에서는 북방한계선─군사분계선─남방한계선의 구분이 선명해서 비무장지대의 풍경을 한눈에 볼 수 있다. 또한, 남북이 서로를 관측하기에 가장 쉬운 지형으로 불과 수백 미터 떨어진 곳에 있어서 이곳에선 북측 인민군이 이동하는 모습, 옛 경원선 철도의 흔적, '광삼평야'와 '아침리 마을' 등도 볼 수 있다. 승리전망대에서 보이는 북녘땅은 바로 눈앞에 보이지만 사진을 찍을 수도 없고 한 발짝도 들어가 볼 수 없기에 안타까움을 더해준다.

날씨가 맑은 날 전망대에 오래도록 앉아 북녘을 바라보노라면 DMZ에 서린 전쟁의 아픔이 고스란히 느껴지고 평화에 대한 갈망이 더욱 커진다. 전망대 옆에는 '승리안보전시관'이 있는데 북측 인민군의 군복과 무기, 2010년 북측의 총격 도발 당시 상황, 한국전쟁 당시 전투 영웅들에 관한 자료를 전시하고 있다.

DMZ생태평화공원 방문자센터,
비무장지대 생태탐방 출발지

김화읍 생창리生昌里 일대에 있는 DMZ 생태평화공원은 환경부, 국방부, 철원군이 공동으로 협약을 맺어 조성한 비무장지대 민간인 자연 탐방 여행지다. 민통선 이북에 있는 이곳은 DMZ의 평화적·생태적 가치를 널리 알리고 체험할 수 있는 공간으로서 마련되었다. 전쟁 이후 60년 넘는 세월 동안 민간인에게 개방되지

철원 DMZ생태평화공원 방문자센터

않던 이곳은 2016년에 개장하였다. DMZ생태평화공원은 인제-양구의 '용늪'이나 양구의 '두타연'처럼 비무장지대의 자연환경을 직접 걸으며 느낄 수 있는 곳으로 예약제로 진행된다.

DMZ생태평화공원을 통해 최근 활기를 띠고 있는 생창리는 1970년에 재향군인 100세대가 입주한 재건촌 민북마을로서 조용하고 아담한 최전방 마을이다. 마을의 동쪽 화강花江 건너편은 평야 지대인데 가장 늦게 조성된 민통선 이북 마을이라 여전히 지뢰 매설 지대가 남아있다. 한반도의 중앙에 놓인 이 길은 한반도의 민중이 겪은 고통스러운 침탈과 수탈, 그리고 전쟁의 기억이 층층이 쌓여 있다. 배산임수背山臨水의 지형으로 삼국시대부터 김화군의 중심지였던 이 마을 일대는 임진왜란 당시 일본군의 북진로였고 병자호란 때는 청군의 남진로였다.

또한 1914년에는 일제가 이곳의 전통 마을들을 병합하여 생창리로 만들었고, 1930년대엔 국도 5호선과 43호선이 만나고, 1931년 개통된 금강산전기철도가

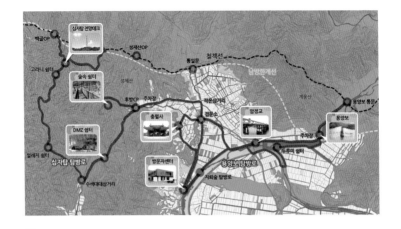

철원 DMZ생태평화공원 안내도(© 철원군청)

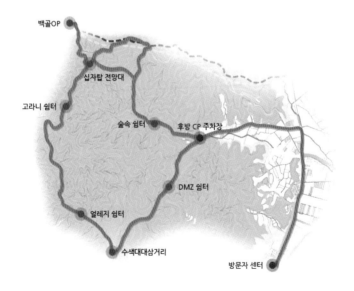

제1코스 십자탑 탐방로(© 철원군청)

제2코스 용양보 탐방로(© 철원군청)

지나가는 교통과 물류의 중심지였다. 하지만 한국전쟁 당시 격전지로 유명한 '철의 삼각지' 한가운데인 김화군청 소재지였던 생창리 일대는 옛 철원의 중심지였던 철원읍처럼 완전히 폐허가 되고 말았다. 번성했던 김화군의 흔적이 김화읍으로 남은 것처럼 이곳의 역사적 흔적도 거의 남은 것이 없다.

이러한 역사의 아픔이 쌓인 땅이라는 점을 알고 생태평화공원 탐방을 진행하면 이곳에서 발견하는 평화와 생명의 가치가 더욱 소중하게 느껴지리라. 녹슨 철모 위에서도 매년 뿌리를 내리고 피는 꽃들처럼 비무장지대의 생명은 인간의 손길이 최소화된 가운데 스스로 무던히 생태계를 꾸려왔다. 철원 DMZ생태평화공원은 두 개의 탐방 코스로 나뉘는데, 제1코스는 '십자탑 탐방로'이고 제2코스는 '용양보 탐방로'다.

십자탑전망대,
아름답고도 고요한 분단의 경계

십자탑 탐방로는 주로 기존의 군사 작전도로를 따라 걸으며 휴전 이후 사람이 들어가지 못한 숲속 지뢰지대 사이를 통과하는 길이다. 지뢰밭 사이의 숲길을 걸으며 DMZ 트레킹을 즐길 수 있는 이 코스는 안내도를 보면 다이아몬드 모양의 길을 돌아 나오는 구조다. 13.1km의 탐방로는 'DMZ쉼터 – 나무터널길 – 수색대 삼거리 – 얼레지쉼터 – 산등성이길 – 고라니쉼터 – 십자탑전망대 – 숲속쉼터'로 구성되어 있다. 숲속쉼터 옆으로는 각종 지뢰가 매설된 원시림이 보이며, 얼레지쉼터 주변에서는 토종 야생화인 얼레지, 금강초롱 등을 볼 수 있다.

이 코스의 백미는 그 이름 그대로 오르막 구간 위에 있는 성재산 산등성이에 세워진 '십자탑'이다. 철골 구조 위에 거대한 십자가가 세워진 형상은 사랑과 평화의 메시지가 북에도 전달되기를 기원하는 취지로 조성되었다고 한다. '백골OP'

—
십자탑 탐방로의 관문 역할을 하는 DMZ조형물

남쪽에 있는 십자탑전망대는 주로 DMZ 내부 전경을 조망하는 전망대 및 분단의 현장을 피부로 느낄 수 있는 교육 공간의 역할을 하고 있다. 북쪽으로는 북측 인민군의 중요한 군사기지인 해발 1,062m 김화군 오성산五聖山이 우람하게 솟아 있고, 북쪽의 건천리 마을도 보인다. 북에서는 '장군봉'이라고 부르는 오성산이 너무나 압도적으로 우뚝하니, 남쪽에서 십자탑을 세운 것은 남북의 '높이 차이'를 조금이라도 만회하려는 시도였으리라.

백골부대에서 관리하는 이 십자탑은 높이 54.4m로 최전방 지역에 있는 30여 개의 십자탑 중 가장 높다. 이 탑은 GOP 지역 최초의 십자탑인 애기봉 십자탑에 이어 1979년 연동교회 후원으로 만들어졌다. 이후 매해 성탄절마다 점등식을 해오다가 2004년 제2차 남북장성급 군사회담에서 군사분계선 지역에서의 선전 활동을 제거하기로 함에 따라 중단되었다.

또한 남북이 서로를 더 잘 감시하기 위해 시야를 가리는 나무를 끊임없이 베어내다 보니, 십자탑 앞의 DMZ는 흡사 초원지대처럼 보인다. 비무장지대에 동서로 펼쳐진 평원에는 나무 한 그루 남아있지 않지만, 적막감 속에서 평화로움과 긴장감이 묘하게 공존한다. 가을에는 키 큰 갈대밭이 아름답게 수 놓인 이곳은 찾는 이로 하여금 감탄을 불러일으키는 장관을 보여주는데, 이곳에서도 북쪽으로 사진촬영을 할 수 없으니 탐방객들의 주의가 필요하다. 봄에는 대지의 부드러운 굴곡이 초록 융단 아래로 훤히 드러난다. 우뚝 서 있는 수직의 십자탑은 넓게 펼쳐진 수평의 대지와 극명한 대조를 이룬다.

한편 십자탑 일대는 중부전선 고지전에서 가장 치열한 전투의 하나였던 '저격능선전투'가 벌어진 현장이다. 중국에서는 '상감령上甘嶺전투'라고도 부르는 이 전투는 1950년 10월 14일부터 11월 25일까지 43일 동안 한국군 2사단과 중공군 12군, 15군이 펼친 공방전으로 고지의 주인이 무려 33번이나 바뀌는 혈전이었다. 북측과 중국은 오성산을 차지한 승전지로 이곳을 기억한다.

비무장지대 내 십자탑을 밑에서 올려다 본 모습

전망대에서 바라 본 비무장지대와 북녘

하지만 아군과 적군의 숱한 유해가 아직도 곳곳에 잠들어 있는 이 지역 어디에도 희생자들의 넋을 애도하는 위령비 하나 세워져 있지 않다. 시커먼 매연을 쏟아내며 군용도로를 올라가는 '60트럭'들을 따라 걸으며 생각에 젖는다. 철책선을 걷어내는 이 땅의 평화 정착 과정은 분단 사회에서 살아온 사람들의 '마음속 장벽'을 허물어가는 평화와 함께 나아가야 한다고.

암정교,
북에서 흘러오는 물길 위에 남은 다리

2코스인 용양보 탐방로는 전쟁 당시 격전지의 한가운데를 통과하면서 한탄강의 제1지류인 화강의 물길과 금강산전기철도의 철길을 따라 걷는 길이다. 오르막과 내리막을 반복하며 산길을 돌아가는 십자탑 탐방로와 달리 이 길은 둑길을 따라 평지를 걷는다. 길이 9km의 이 길은 방문자센터를 출발해 '충렬사 – 검문소 – 암정교 – 용양보통문 – 두루미쉼터 – 지뢰숲탐방로'를 돌아 나오는 코스로 구성되어 있다. 화강 최상류 지역은 습지가 발달해 있고 사람의 발길이 없다 보니 온갖 동식물의 낙원이 되었고, 수생식물의 보고로 알려져 보존 가치가 매우 높다.

하지만 암정교岩井橋 주변은 전쟁 이전에는 철원평야를 가로질러 온 금강산 가는 기차가 정차하던 김화역 인근이다. 서울에서 경원선을 타고 온 사람들이 갈아타는 총연장 116.6km의 금강산전기철도는 철원역에서 출발하여 4시간 30분을 달려 '내금강역內金剛驛'까지 운행되었다. 이 철로는 원래 일제가 김화군에서 생산되는 황과 철의 화합물인 유화철硫化鐵을 일본으로 실어 내기 위해 건설하였지만, 주된 기능은 금강산 관광객 수송이었다. 전쟁 이후 폐허가 되었던 이 일대의 과거 흔적은 '암정교'와 금강산전기철도의 '도로원표'에서만 희미하게 찾을 수 있다. 일제가 식민화 정책에 따라 '남대천南大川'으로 바꿔 불렀던 화강이 원래 이름을 해

—
암정교

금강산 가는 길(© 철원군청)

방 이후 오랜 세월이 흘러 되찾았던 것처럼, 용양보의 습지도 분단 시대를 넘어서는 진정한 평화의 바람을 여전히 기다리고 있다.

화강의 물길을 거슬러 올라가다 보면 세월의 흔적이 그대로 방치된 다리가 보인다. 길이 142m, 폭 5.5m, 높이 7m의 '암정교'는 김화, 평강, 금성, 화천 등을 이어주는 다리였다. 콘크리트로 만들어졌지만 우아한 아치가 돋보이는 이 다리는 전쟁 당시의 포격으로 교각의 곳곳이 파괴되었고, 지금은 노후화되어 소수의 탐방객만 오가며 사진을 찍는, 전쟁의 흔적을 간직한 곳이다. 원래 1930년대에 세워진 것으로 알려진 암정교는 전쟁 전까지 지역민들에게 없어서는 안 되는 중요한 교통로였다. 그런데 최근 철원역사문화연구소 김영규 소장의 연구 결과에 따르면 암정교는 철원 지역 최초의 근대식 교량으로 1917년 처음 건설된 이후 1920년대 3차례에 걸쳐 크게 고쳤다고 한다.

더불어 오늘날 암정교는 1930년대 유화철 생산지로 유명했던 이 지역이 철로와 더불어 물자교류가 활발한 교통의 요지였음을 증명하는 상징물로 남아있다. 비록 부서진 난간이 앙상한 뼈대만 남은 것처럼 보일지라도 새파랗게 맑은 물 위에서 화강의 역사를 증언해 온 이 다리가 계속 꿋꿋하게 버텨주길 바라며 발걸음을 옮긴다.

용양보,
청정한 생태습지에서 느끼는 평화로움

DMZ 내부에서 아름다운 습지형 호수의 생태를 관찰할 수 있는 '용양보' 일대는 원래 화강 상류 농지에 농업용수를 공급하기 위해 만들어진 저수지였다. 용양보는 일제강점기 당시 금강산전기철도의 기존 교각들을 이어 만들었다는 점에서 식민과 분단의 역사가 겹쳐지는 곳이다. 철교가 농업용 보洑로 변신한 것이다. 하지만 전쟁 후 사람의 발길이 끊기자 개천 유역은 더욱 넓어져 자연적으로 '용양늪'이 만들어졌다.

용양보 옆에 서서 북녘을 응시하면 북측 인민군 GP가 훤히 보이는 긴장감과 함께 무심한 자연의 평화로움이 공존한다. 남북을 오가는 새들을 앉아서 바라보고 있으면 이곳이 첨예한 남북의 경계 지역인 것도 잠시 잊게 된다. 그러나 다시 고개를 돌리면 왕버들이 빽빽한 늪 사이로 드문드문 보이는 전쟁의 흔적들은 이곳에선 여전히 현재진행형으로 지속되는 민족 분열과 국토 분단의 아픔을 상기시킨다.

화강을 지나던 겸재 정선은 병자호란 당시 적의 10만 대군에 맞서 분전한 평안도관찰사 홍명구와 평안도병마사 유림 장군의 위패를 모신 사당인 '충렬사'를 지나며, 그들의 숭고한 뜻을 기려 「화강백전花江柏田」이라는 작품을 그렸다. 조선 효종孝宗(1619~1659) 때 건립되었던 충렬사는 전쟁 때 소실되었다가 1998년에 전각을 복원하였다.

또한 겸재는 예부터 절경으로 이름난 화강의 수변 풍경에 취해 자연스럽게 옷

용양보 근처에 애처롭게 걸려있는 옛 다리

—
정선 '피금정도(披襟亭圖)'(ⓒ 겸재정선미술관)

깃을 풀어 젖히는 정자라는 뜻인 '피금정披襟亭'에서도 산수화를 남겼다. 그림의 왼쪽 여백에는 허필이 백하白下 윤순尹淳(1680~1741)의 한시 한 구절을 인용하여 작품평을 남겨 놓았다. "골짜기의 빛은 깊어 저문듯하고 마을 모습은 고요하여 잠자는 것 같네白下尹尙書詩曰 峽色深如莫 邨容静若眼."

겸재의 예술혼을 따라 피금정이 있던 자리를 찾아 용양보를 넘어 더 거슬러 올라가는 길은 언제쯤 열릴 수 있을까. 한가로이 볕을 쬐는 새들 뒤로 북쪽으로 이어지는 물길을 눈으로라도 훑어본다.

전쟁 이후 폐허로 버려진 용양보에선 '주인'과 '손님'이 바뀌었다. 비무장지대 안의 화강에선 사람들의 손길이 닿았던 곳은 쇠락하고 파리하지만, 물길을 따라 자연 그대로 흘러갔던 생명의 풍경은 활기를 띤다. 애써 이곳을 찾은 탐방객들도 잠시 손님으로 다녀갈 뿐이다. 군인들만이 가끔 오가던 용양보의 '출렁다리'는 이제 지지대만 남고 거의 삭아버렸다. 녹슬고 대부분 끊어져 겨우 매달려 있는 출렁

다리 줄 위에 가마우지가 앉아 상념에 빠져 있다. 그 아래로는 오리들이 유유히 헤엄치는 모습이 이채롭다. 남북을 가로질러 흐르는 물길을 나누는 분단 경계선인 용양보 '통문'을 자유로이 오갈 수 없는 생명체는, 서로 총부리를 겨누고 있는 사람들뿐이다.

계절마다 색감과 소리가 바뀌는 용양보는 다양한 물새들과 같은 터줏대감의 안식처일 뿐만 아니라 쇠기러기, 두루미, 청둥오리, 독수리와 같은 철새들의 보금자리기도 하다. 철원평야를 비롯해 철원군의 DMZ 전 지역은 천연기념물인 두루미, 재두루미, 독수리 등 다양한 겨울 철새들이 남하하여 겨울을 나는 철새도래지로도 유명하다.

먹이가 풍부한 이곳에서도 수천 마리의 기러기 떼들이 하루에도 몇 번씩 휴전선을 넘나들며 자유롭게 남녘과 북녘을 오가는 모습을 볼 수 있다. 그리고 화강 상류인 이곳에는 수달과 더불어 작은 토종 물고기인 쉬리와 묵납자루 등 다양한 희귀 어종이 서식한다. 또한 습지에는 물에 푹 잠긴 침수식물, 물에 뿌리만 잠긴 정수식물, 물 근처에서 자라는 수변식물 등이 군락을 이루며 참나무, 싸리나무가 자생한다. 이곳의 아름다운 생태계는 향후 추진될 'DMZ생물권보전지역' 및 '세계자연유산'의 대표적인 장소이자 한반도 중부의 생태환경 연구 및 교육 장소로 가치가 충분한 곳이다.

지뢰숲탐방로,
전쟁의 상처에서 배우는 평화의 가치

용양보 탐방로의 마지막 구간인 '지뢰숲탐방로'는 전쟁 당시 설치한 지뢰지대가 오랜 세월 사람들의 출입이 통제되면서 자연스럽게 DMZ 내부 공간과 유사한

—
DMZ생태평화공원 지뢰숲탐방로 구간

자연환경으로 보존된 숲이다. 이곳은 자연의 복원과 치유가 이루어지는 과정을 오랜 세월 동안 관찰할 수 있는 곳이다. 사람이 밟지 않고 베어가지 않는 숲속 땅에는 고목들과 마른 가지들이 층층이 쓰러져 쌓이고, 듬성듬성한 무더기를 이루며 썩어 가는 나무와 이끼 덤불 위로 다시 어린나무들이 뿌리를 내린다. '지뢰' 팻말만 멀리서 보아도 생경한 공포와 불안을 느끼는 사람들에게 지뢰밭에서 자라는 나무들이 나직이 말하고 싶은 것 같다. DMZ를 폐쇄된 공간으로 가두어 버린 것도, 다시 이곳을 열어 사람과 자연이 상생하는 온전한 생명의 공간으로 탈바꿈시킬 수 있는 몫도 바로 당신들에게 있다고 말이다.

이른 봄에 용양보 탐방을 마치고 나오며 동행한 사람들이 저마다 다음 방문을 기약한다. 푸르름이 만발하는 저 풍광은 계절이 바뀔 때마다 얼마나 다채롭게 펼쳐질까 궁금해진다. 여름에는 신비스럽게 피어오르는 아침 안개 사이로 울울창창한 녹음이 뜨거운 햇살을 기다린다. 가을에는 일찍 찾아온 철새들이 울긋불긋 물든 단풍 사이를 날아다니고 물가에서 새끼들에게 물고기 잡는 법을 가르친다. 겨울에는 눈밭에 찍힌 동물 발자국들의 주인공이 누군지 맞추며 따라 걷다가, 소금을 수북이 뿌려놓은 것 같은 용왕보의 풍경에서 남해의 염전을 보기도 한다. 그 틈 사이로 먹이를 구하는 멧돼지가 수풀을 어슬렁거리고, 고라니는 동네에 찾아온 외지인을 맑은 눈망울로 빤히 쳐다본다.

DMZ생태평화공원을 안내해주신 문화관광해설사의 말이 강변북로의 교통체증에 시달리며 집으로 돌아가는 서울 탐방객들의 귓가에 맴돈다. "서울보다 이북이 더 가까운 곳이 이곳입니다." 용양보의 청정하고 잔잔한 물결이 가슴속에 스며든 것처럼, 평화는 사람의 마음과 달리 있지 않고 통일도 평화와 멀리 떨어져 있지 않다. 동족상잔이 일어난 비극의 무대이자 계속되는 고통의 현장인 DMZ를 평화의 배움터로 바꿔나가는 길은 그렇게 사람들이 함께 걸으며 단단히 다져진다.

철원 DMZ생태평화공원 탐방

2015년 조성된 DMZ생태평화공원은 민통선 지역의 깨끗한 자연환경을 방문객들에게 소개하는 탐방로를 운영하고 있다. 2008년부터 추진된 'DMZ생태평화공원' 조성 및 생태관광 사업은 비무장지대 생태계 조사와 함께 시작되었다. 2009년 DMZ생태평화공원기본계획이 수립된 이후 2010년 비무장지대 전 지역을 검토한 결과, 우수한 생태 자원과 역사·문화적 자원을 지닌 철원군 김화읍 생창리 일대가 시범지구로 결정되었다. 다시 2012년부터 환경부와 철원군, 육군 제3사단이 협력해 DMZ생태평화공원 조성사업을 준비하여, 전쟁 이후 60년 동안 공개되지 않았던 천혜의 자연 습지가 2015년부터 개방되었다.

'십자탑 탐방로'와 '용양보 탐방로' 두 코스는 예약제(www.cwg.go.kr/dmz_tracking, 문의 033-458-3633)로 운영되며 참가 규모와 현장 상황에 따라 방문이 제한될 수 있으니, 사전 협의가 필요하다. 출발지인 방문자센터는 식당과 숙박시설을 겸하고 있다. 제1코스인 십자탑 탐방로는 김화읍의 최전방인 성재산城齋山(471m)을 중심으로 주로 숲길을 이용하며, 총 코스 길이는 13km에 이르며 왕복 3시간 정도가 소요된다. 이 코스의 볼거리는 무엇보다 북측을 조망할 수 있는 십자탑전망대이며, 구간별로 데크(deck) 아래로 매설된 지뢰 사이에 얼레지, 금강초롱 등 희귀식물을 관찰할 수 있는 숲속 쉼터와 다양한 야생화가 자생하는 얼레지 쉼터는 계절을 잘 맞추면 볼 수 있는 덤이긴 하지만 빼놓을 수 없는 볼거리다.

제2코스인 용양보 탐방로는 민간인 통제구역에 있는 천연습지 구역인 용양보 일대와 화강 상류의 두루미 월동지를 포함하고 있다. 다양한 자연생태를 관찰할 수 있다. 제2탐방로 안에는 병자호란의 흔적이 남아있는 충렬사지, 근대 유적인

—

탐방로에선 지뢰 매설지대를 쉽게 볼 수 있다. (© 철원군청)

암정교와 김화군의 도로원표도 포함되어 있어 역사문화 탐방도 즐길 수 있다. 제2코스 구간은 9km이며 왕복 2시간 정도가 소요된다.

탐방로 옆에 보이는 '지뢰' 표지판은 보는 것만으로도 방문객들의 간담을 서늘하게 한다. 비무장지대 일대에 매설된 대인발목지뢰는 남쪽에서 매설한 것만 약 100만 발로 알려져 있다. 대표적으로 1955년 미국이 개발한 M14 지뢰는 적은 양의 폭약을 터뜨려 사람의 발목만 잘라내도록 만든 살상용 무기다. 전투병의 전의戰意를 꺾기 위해 만들어졌지만, 피해자가 누구든 평생 불구로 살아가는 상처를 입히는 매우 잔인한 무기다. 하지만 무게가 100g에 불과하고 플라스틱으로 만들어져 탐지가 쉽지 않다.

09

냉전과 격전의 현장에서 만나는 진정한 안보의 미래

북녘하늘 우체통

POST

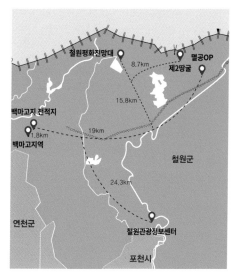

철원의 낡은 안보관광지, 평화여행을 꿈꾸다
철원관광정보센터, 중부 DMZ 평화여행의 출발지
멸공OP, '철의 삼각지대'의 중심 벙커와 제2땅굴
철원평화전망대, 분단의 비극과 통일의 비전이 공존하는 곳
백마고지 전적비, 쉼 없이 뺏고 빼앗기던 고지전의 기억
백마고지역, 치유와 함께하는 평화의 꿈

철원의 낡은 안보관광지,
평화여행을 꿈꾸다

철원에는 한반도의 중앙에 자리를 잡고 있으면서도 중부에서는 보기 힘든, 넓은 철원평야와 그 사이를 가로질러 흐르는 한탄강 협곡이 있다. 게다가 휴전선이 지나가는 고성군, 인제군, 양구군, 화천군, 철원군, 연천군, 파주시, 김포시 등 내륙지방의 8개 시군구 중 가장 넓은 범위에 걸쳐 휴전선이 지나가고 있다. 대략 250km 길이에 달하는 휴전선 가운데 70km 정도가 철원군을 관통하고 있다. 이는 전체 휴전선 중 약 28%에 해당한다. 이것은 철원이 그만큼 격렬한 '격전지激戰地'였기 때문이다.

철원은 파주와 더불어 안보 관광을 대표하는 지역이다. 현재 '철원의 DMZ 안보투어'에는 '고석정 출발 안보투어', '백마고지역 출발 안보투어', '승리전망대 투어', 'DMZ트레인' 등이 운영되고 있다. 코스마다 차이는 있지만 주로 가는 곳은 고석정, 백마고지역, 제2땅굴, 평화전망대, 월정리역, 노동당사, 백마고지전지, 멸공OP(Observation Post), 금강산전기철도교량, 승리전망대, 근대문화건물(터) 등이다. 이들 대부분은 분단의 적대적 대면 장소이거나 격전의 상처와 승리의 영광이 있는 곳들이다.

철원이 몇 년 전까지만 하더라도 그 자신을 대표하는 역사이자 상징으로 내세우려 하였던 것은 '철의 삼각(Iron Triangle)'이었다. '철의 삼각지대'는 한국전쟁 당시 평강平康 - 철원鐵原 - 김화金化를 직선으로 이으면 만들어지는 삼각형의 지대로, 한국전쟁 당시 군사적·전략적 요충지로서 '격전'을 치를 수밖에 없었던 곳이다. 특히, 전쟁이 휴전 협상으로 접어든 이후에도 이 지역에서는 백마고지, 수도고지, 저격능선 등을 차지하기 위한 참혹한 전투가 쉼 없이 이어졌다.

1951년 9월부터 북의 인민군은 중공군과 함께 철의 삼각지대 안에 있는 핵심 거점인 백마고지, 수도고지, 저격능선 등에 대한 대대적인 집중 공세를 펼쳤다. 고지의 주인은 수시로 바뀌었다. 하지만 휴전협정이 진행될수록 전투는 더 치열해졌다. 이들 전투는 휴전 바로 직전인 1953년 7월 13일까지 이어졌다. 전투가 치열해질수록 죽어가는 군인들은 늘어났다. 포연이 자욱한 산등성이가 드러나면 시체가 즐비하였다. 결국 '남쪽'은 김화와 철원을, '북쪽'은 평강고원을 차지하였다.

철원관광정보센터,
중부 DMZ 평화여행의 출발지

철원의 '안보 관광'이 시작되는 대표적인 곳은 '고석정孤石亭 국민관광지'와 '백마고지역白馬高地驛'이다. 고석정은 철원의 심장부를 관통하며 흐르는 푸르른 한탄강의 거센 물결이 만들어내는 협곡과 더불어 우뚝 솟아오른 장화처럼 생긴 바위가 어우러진 절경을 볼 수 있는 곳이다. 또한 임꺽정에 관한 전설이 남아 있는 곳이기도 하다. 하지만 고석정으로 향하는 길 위 주차장 한쪽에는 평사포, 전투기, 항공기, 장갑차 등이 전시되어 있고 그 앞에는 지붕에 한옥식의 기와를 얹은 건물이 있다. 바로 '철원관광정보센터'다.

들어가 보면 1층에서는 '철원 9경'이라는 주제로 묶어 놓은 '고석정', '삼부연폭포', '직탕폭포', '매월대폭포', '순담계곡', '소이산 재송평', '용양늪', '송대소 주상절리', '학저수지 여명' 뿐만 아니라 철원이 트레킹코스로 개발하고자 하는 여섯 가지의 '한여울길'과 관광휴양지로 홍보하고 싶은 '명성산', '복주산', '복계산', '금학산' 등에 대해 다양한 콘텐츠를 활용하여 소개하고 있다. 또한, 2층에서는 태봉국의 역사와 철원의 사계四季 및 전통시장, 축제들에 대해서도 다양한 콘텐츠를

철원관광정보센터

활용하여 소개하고 있다. 철원관광정보센터는 철원의 자연과 역사, 문화를 활용한 '관광 홍보' 중심지다.

하지만 얼마 전까지만 하더라도 이 건물의 이름은 '철원관광정보센터'가 아니라 '철의삼각전적관'이었다. 1989년 개관 이래 국내 최대의 안보 교육장으로 사용됐지만, 시설 노후화와 관광콘텐츠 부족으로 제 기능을 발휘하지 못했었다. 2층 건물의 내부 전시물과 구성도 지금과는 확연히 달랐다. 이전까지만 하더라도 전시실은 '도입부'에서 시작하여 '한국전쟁'과 '철의삼각지전투'를 주제로 한 전시와 더불어, 남북의 '정치, 사회, 군사' 비교와 '통일'을 주제로 한 전시 및 북측에서 생산된 생활용품들을 전시한 '실물전시실' 등으로 구성되어 있었다. 지금과는 확연히 다른 '안보 중심의 홍보'였던 것이다. 철원군은 이를 2018년 2월 명칭과 성격을 바꾸어 '철원관광정보센터'로 새롭게 개관하였다.

멸공OP,
'철의 삼각지대'의 중심 벙커와 제2땅굴

예나 지금이나 철원의 안보 관광을 대표하는 곳은 '멸공OP'와 '제2땅굴'이다. '멸공OP'는 1985년 11월에 준공된 OP로, 중부 전선의 심장부인 철의 삼각지대 한가운데에 자리를 잡고 있다. 따라서 '철의 삼각'을 내세웠던 철원의 안보 관광에서 최적지라고 할 수 있다. 게다가 멸공OP 바로 앞으로는 한탄강이 흐르고 군사분계선 너머 북쪽의 건천리 마을과 김일성이 직접 내려와 지휘했다는 '오성산'과 영화 「고지전」으로 유명한 저격능선, 조선 시대 화가 정선이 화폭에 담았던 '정자연'과 끊어진 '금강선전기철도교량' 등을 한꺼번에 볼 수 있다.

하지만 안보 관광에서 사람들에게 보여주고자 했던 것은 '한탄강'과 '정자연'의 아름다운 산수도, 끊어진 금강산전기철도교량의 애달픔도 아니다. '멸공滅共'이라는 이름은 모든 공산주의자를 죽이고 북진통일北進統一을 완수하겠다는 '백골장병'의 의지를 담고 있다. 안보 관광은 이곳을 찾는 사람들에게 바로 멸공의 의

멸공OP

제2땅굴 내부 방문객들은 헬멧을 써야 한다.

지를 심어준다. 그렇게 함으로써 안보 관광은 이 모든 분단의 아픔을 우리와 대치하고 있는 '적'에 대한 증오로 바꾸어 놓는다. 증오만이 자라는 곳에서는 평화는 없다.

제2땅굴은 바로 이와 같은 'DMA 증후군'(노르웨이의 평화학자 요한 갈퉁이 만든 신조어로, '이분화', '마니교주의', '아마겟돈'에 해당하는 영문 단어 'Dichotomization', 'Manicheism', 'Armageddon'의 첫 글자를 따서 만든 것)을 몸으로 느끼게 만드는 곳이다. 제2땅굴은 1975년 3월 24일 발견된 남침용 땅굴로, 두 번째로 발견된 땅굴이다. 1973년 초병 두 명이 지하의 작은 폭음 소리를 듣고 땅굴이 있을 것이라고 확신한 다음, 시추 장비를 투입하여 총 45개의 시추공을 뚫어 확인한 땅굴이다. 그 당시, 땅굴은 가장 뜨거운 이슈이자 안보의 대명사였다. 1972년 '자주, 평화, 민족대단결'이라는 '조국 통일 3대 원칙'에 합의한 '7·4 남북공동성명' 이후 남과 북은 극단적인 대립을 조장하면서 각각 독재 권력을 강화하였다.

북의 '사회주의 유일 지배체제'도, 남의 '유신체제'도 각각 상호 적대를 내장한

멸공OP에서 바라 본 철의 삼각지대와 한탄천(© 국방일보)

군사적 대결주의를 내세웠다. 각각은 서로에게 호시탐탐 침략을 노리는 '전쟁광' 이었으며 그와 같은 공포를 통해서 내부의 결속을 강화하고, 1인 지배체제를 강화했다. 따라서 남북관계가 더 극단적인 대립과 적대를 향해 갈수록 남과 북의 지배 권력은 더욱 강화되어갔다. 그 당시 남쪽에서 땅굴은 북의 남침 야욕을 보여주는 가장 명백한 증거였다. 제2땅굴로 안보 견학을 온 학생들은 안전모를 쓰고 고개를 숙인 채, 허리를 굽히고 땀을 흘리며 어두컴컴한, 이 좁고 습한 굴을 다니며 공포를 몸으로 체감할 수 있었다.

하지만 이와 같은 '안보'는 본말本末이 뒤집힌 것이었다. 안전보장安全保障의 줄임말인 '안보安保(security)'는 대부분은, 국가의 영토나 독립과 같은 국가 그 자체의 안전을 보장하는 것, 즉 '국가안보'라는 의미에서 이해되어왔다. 이제까지 철원을 비롯해 DMZ 지역에서 행해지는 '안보 관광'에서의 안보는 정확히 이것을 의미했다. 그러나 오늘날 '안보' 개념에는 국민 개개인의 생명에 대한 보호가 당연히 포함된다. 국가는 국민의 생명과 안전을 지키기 위해 존재하는 것이고 대한민국 헌법도 이를 강조하고 있다.

국가안보라는 개념의 역설을 보여주는 것은 1970년대 남과 북이었다. 그들은 '국가안보'를 내세우면서 오히려 국민의 주권과 기본권을 억압하고 국민에게 국가에 대한 복종을 강요하고 지배자들의 권력을 강화하였다. 그렇기에 1994년 'UN 개발계획(UNDP)'은 『인간개발보고서』를 발간하면서 '인간안보人間安保(human security)'라는 새로운 용어를 사용하기 시작하였다. 인간안보에서 안보의 대상은 국가가 아니다. 여기에서 안보의 대상은 인간의 생명과 존엄 그 자체다. 즉, '인간이 인간다운 삶을 영위'하는 데 필요한 모든 것, 정치적 자유와 경제적 풍요, 복지와 환경, 문화까지 안보의 대상인 것이다.

철원평화전망대,
분단의 비극과 통일의 비전이 공존하는 곳

'철원평화전망대'는 DMZ에 존재하는 여러 전망대와 다른 독특한 특징을 가지고 있다. 그것은 바로 앞에 궁예가 세운 태봉국 도성 터가 있기 때문이다. 남북을 동서로 가르는 군사분계선은 정확히 태봉국 도성 터를 반으로 가르고 있다. 철원을 상징하는 인물인 궁예는 미륵 세상을 꿈꾸었으나 그 스스로 권력에 사로잡혀 패배한 군주가 되었다. 일제강점기하에서 우리는 독립을 위해 싸웠다. 하지만 8·15해방과 함께 형성된 서구 열강들이 만든 동서 냉전체제는 우리에게 38선이라는 분단을 강요하였고, 분단의 덫에 갇힌 우리는 좌우 대립의 혼란 속에서 전쟁의 비극으로 빨려 들어갔다.

베트남의 호찌민은 이와 다른 길을 걸었다. 베트남에서도 1945년 이후, 17도

평화를 전망하는 곳이지만 북쪽을 향해 있는 퇴역 무기들이 방문객들을 맞이한다.

비무장지대에 묻혀있는 태봉도성을 재현한 디오라마

선을 경계로 남북을 나누고자 하였다. 이에 호찌민은 분단을 막기 위해 자신이 독립을 위해 싸울 때의 적이었던 프랑스연방까지 수용하면서, 남북 베트남의 분열을 막고 하나의 베트남을 유지하면서 독립을 위한 정치적 협상을 진행하였다. 그러나 우리는 서구 열강의 냉전체제 구축에 저항하기보다는 좌우의 이데올로기적 대립의 소용돌이로 말려들었고, 결국 동족끼리 총칼을 겨누는 전쟁의 참혹한 비극을 경험하고 말았다. 그리고 국제 냉전의 첨병 역할을 맡을 수밖에 없는 '분단

태봉도성 터를 대각선으로 가로지르는 군사분계선

의 덫'에 갇혔다.

　'분단의 덫'은 분단 그 자체가 우리 자신에 의해 구축된 것이 아니라 제2차 세
계대전 이후, 과거 식민통치 지역들을, 미−소를 중심으로 한 동서 냉전체제로 재
편하는 과정의 산물이다. 그런데도 분단국가인 남과 북이 서로를 '적'으로 간주하
면서 적대를 강화하면 할수록 우리 민족사의 비극인 분단을 생산한 '냉전' 그 자
체를 강화한다는 점에서 역설적이다. 따라서 '분단의 덫'은 우리 자신을 파괴한
다. '분단의 덫'을 벗어나는 유일한 길은 남과 북이 서로에 대한 원한 감정에서 벗
어나 '치유와 화해', '평화와 공동번영'의 길을 모색하는 것이다.

백마고지 전적비,
쉼 없이 뺏고 빼앗기던 고지전의 기억

철원의 안보 관광을 상징하던 '철의삼각전적관'이 '철원관광정보센터'로 바뀌었듯이 '철원평화전망대'도 2007년 11월에 '철의삼각전망대'를 대신하여 새롭게 준공된 전망대다. 바야흐로 '적에 대한 무력의 우위'를 점하고자 하는 '냉전' 프레임 대신에 상호 간의 화해와 협력을 통한 '평화'의 프레임이 서서히 자리를 잡아가고 있는 셈이다. 하지만 그렇다고 해서 기존의 안보 프레임이 해체된 것은 아니다. 철원에서 지금까지도 가장 강고한 안보 프레임이 작동하고 있는 곳은 '백마고지 전적비'다.

백마고지 전적비는 백마고지전투에서의 승전을 기념하기 위해 백마고지를 바라보는 곳에 세워져 있다. 백마고지의 본래 이름은 '395고지'이다. 하지만 1952

백마고지 전경

년 10월 6일에서 15일까지 있었던 열흘간의 전투 이후 붙여진 '백마고지'로 불리게 되었다. '백마고지'란 이름은 계속된 포격으로 온통 하얗게 피어오른 포연砲煙이 걷힌 뒤 드러난 모습이 수목을 태운 잿더미들이 쌓여 마치 '백마白馬'가 쓰러져 있는 형상을 하고 있다고 해서 붙여진 것이다. 중국군 제38군과 한국군 제9사단은 30만 발이 넘는 포탄을 상대에게 쏟아부으며 고지의 주인이 일곱 번이나 바뀌는 혈전血戰을 벌였다. 최종 승자는 한국군 제9사단. 지금의 '백마부대'다.

백마고지 전적비는 공원처럼 조성된 구역의 중앙에 자리를 잡고 있다. 백마고지 전적비를 향해 오르는 길은 '회고·기념·다짐의 장'이라는 세 개의 장으로 구성되어 있다. '회고의 장'에는 그 당시 전투에서 죽은 3,000여 명의 한국군 전몰장병들의 이름을 담은 판석과 「백마의 얼」이라는 시가 새겨진 '백마고지위령비'가 있다. '기념의 장'에는 그 당시 지휘관이었던 김종오 장군의 치적과 유품을 전시한 작은 기념관이 있고 그 위에 '백마고지 전적비'가 있다. 이 탑은 높이 22.5m

풀 한 포기 남아있지 않았던 전쟁 당시의 백마고지

로, 두 손을 모아 통일을 비는 모습을 담기 위해 다섯 손가락을 형상화한 것이라고 한다.

하지만 승전의 영광을 기념하고 광고하기 위해 조성된 이 공원은 전적비의 염원과 달리 '멸공OP'처럼 '북진통일'을 연상시킨다. '백마고지 전적비'를 지나가면 에밀레종을 참고해 만든 무게 1.8t의 '자유의 종'이 있는 '다짐의 장'이 나온다. 그런데 '다짐의 장'에서 바라보는 북녘은 분단의 아픔에 대한 공감을 이끌어내기보다는 백마고지의 승전처럼 그들에 대한 응징을 통한 통일을 다짐하는 곳처럼 보인다. 하지만 이 전쟁에서 죽은 아군은 3,146명이었던 반면 중공군은 1만4,389명이나 되었다. 전투에서 죽어간 이들에 대한 애도는 어디에도 존재하지 않는다. 오직 나의 영광과 적에 대한 승전의 기억만이 존재할 뿐이다.

백마고지역,
치유와 함께하는 평화의 꿈

안보 프레임을 벗어나기 어려운 이유는 여러 가지가 있겠지만, 가장 큰 이유는 '전쟁을 쉬는 선線'이라는 뜻을 가진 '휴전선'이 보여주듯이 전쟁 자체가 아직도 한반도에서 종식되지 않았기 때문일 것이다. 1950년에 발발한 한국전쟁은 1953년 휴전협정으로 중단되었다. 하지만 그것은 전쟁을 '쉰다'라는 것에 대한 합의이지 전쟁 그 자체를 종료하는 것에 대한 합의는 아니다. 그렇기에 '국가안보'는 여전히 중요한 개념으로 남아 있을 수밖에 없다. 국가안보를 달성하는 방식에는 군사력을 강화하는 냉전적 방식만 있는 것은 아니다.

현재 한반도의 위험은 '휴전' 그 자체에 있다. 그렇기에 진정한 국가안보는 전쟁을 쉬는 현재의 상태를 전쟁의 완전한 종식을 의미하는 '종전선언' 후, '평화협

경원선을 복구하며 새로 만든 역인 백마고지역

정' 체결로 나아가는 것이다. '냉전'은 상호 간의 세력균형을 통해 평화를 유지하도록 한다. 하지만 그것이 깨지거나 돌출적인 상황이 발생하면 차가운 전쟁인 '냉전冷戰'은 언제든지 뜨거운 화력의 '열전熱戰'으로 바뀔 수 있다. 하지만 '인간안보'의 개념에서 핵심이 '군사력'이 아니라 '평화의 구축'이듯이 평화협정을 체결하면 국제적 조약체결 및 상호 합의에 따른 상호 체제 보장이 가능해진다.

하지만 승전의 기억만이 지배하는 곳에서 상처의 치유와 화해의 문법은 존재할 수 없다. 거기에 작동하는 논리는 오직 '적'과 '나'의 이분법이다. 따라서 여기서는 결코 서로에 대한 증오를 멈추지 않는다. 전쟁에 참여한 많은 평범한 사람들은 이데올로기 때문이 아니라 그들을 통치하는 국가에 의해 내몰린 것이며, 살기위해 총부리를 들이대는 것이다. 이 전투에서 죽어간 1만4,000여 명의 중공군은 미군을 비롯하여 여러 나라에서 온 UN군들처럼 먼 이국땅에서 가족들을 그리워하며 죽어갔을 것이다.

백마고지역

분단이 낳은 고통과 아픔에 대한 치유는 바로 이 지점에서 시작될 것이다. 특정 국가가 요구하는 체제와 이데올로기를 벗어나서 연약한 인간 개개인의 실존을 본다면 모든 인간의 삶과 존재의 의미는 모두에게 동일하다. 그들이 바라는 것은 행복한 삶이다. 그들이 서로 목숨을 걸고 싸울 이유는 없다. 분단과 전쟁으로 인해 연약한 개인적 실존들이 겪었을 고통과 아픔에 대한 공감은 전쟁을 포함하여 모든 폭력에 대한 반대와 저항을 만든다. 그렇기에 인간안보라는 개념이 보여주듯이 진정한 안보는 '폭력'을 양산하는 'DMA 증후군'과 같은 문화들을 해체하고 치유와 화해의 문법을 만들어가는 길에서 얻어질 수 있는 것이다.

대마리 역사문화관 '세모발자국'

철원평야에서 나는 찰진 '오대미'와 '백마고지'로 유명한 최전방 민북마을 대마리에 또 하나의 기념비적인 장소가 만들어졌다. '세모발자국'(강원도 철원군 철원읍 대마길 40)은 불발탄과 지뢰, 전쟁의 참상으로 가득한 폐허였던 이곳의 대지를 옥토로 일군 대마리 민북마을 이주민들의 역사를 보존하고 전시하는 역사문화전시관이다. 마을정보센터 옆 낡은 공간을 리모델링한 이곳은 2020년 2월 개관한 이곳은 오랫동안 민통선 이북 지역으로 한국전쟁의 상흔 위에서 생활의 제약을 받으면서도 농사를 지은 대마리 입주민들의 굴곡진 개척 역사를 기록하고 있다.

오늘날 대마리 마을의 시초는 1967년 정부는 전쟁 이후 부족한 식량문제를 해결하고 허술한 휴전선 목책 사이로 간첩들이 넘어오는 문제를 해결하기 위해 150가구를 입주시킨 것이었다. 집, 농지, 도로, 수리시설 등 기초 생활을 보장받을 수 없던 곳이 입주민들의 노력으로 이제 대마리는 전국에서 가장 유명한 대규모 쌀 생산지 중 하나로 변모했다. 세모발자국이라는 명칭은 '지뢰밭'을 표시하는 상징 기호인 '세모'에 1967년부터 황무지를 개척하며 지뢰 폭발로 희생되거나 다친 입주민들의 지나온 '발자국'이 덧붙여져 만들어졌다. 이름에 담긴 의미처럼 이곳은 지뢰밭을 딛고 일어선 수많은 마을 사람들의 발자국을 헛되이 하지 않고 기억한다.

세모발자국의 전시공간은 1세대 마을 주민들의 증언과 역사적 자료를 종합하여 전쟁으로 척박해진 땅을 피와 땀으로 일궈온 과정을 표현하였다. 207m² 규모인 이곳은 무료로 입장할 수 있으며, 운영시간은 오전 10시부터 18시까지이며 매주 화요일은 휴관한다. 세 곳으로 나누어진 전시관 외에도 문화·역사체험을 진행하는 체험관과 영상관 등을 갖추고 있다(대마리마을 대표전화 033-455-4399). 세모발자국엔 편의점 하나 없는 최전방 지역 대마리를 찾는 방문객들이 고대하던 마을 카페도 들어섰다.

10 _____

남북을 자유로이 오가는
철원평야의 겨울 철새

| 소이산 – 샘통 – 천통리 철새도래지 – 토교저수지 –
  DMZ두루미평화타운 – 학저수지

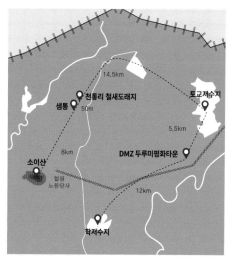

소이산, 눈 덮인 철원평야를 굽어보는 최적의 장소
샘통과 천통리 철새도래지, 철새의 쉼터가 된 얼지 않는 샘
토교저수지, 철새 학교로 거듭난 인공저수지
DMZ두루미평화타운, 철새 탐조 1번지
학저수지, 물이 마르자 이름으로만 남은 철새들의 흔적
두루미, 남북을 이어주는 평화의 전령이 되어라

소이산,
눈 덮인 철원평야를 굽어보는 최적의 장소

신생대 화산 활동으로 형성된 철원평야는 한탄강의 하천 유역을 따라 형성된 해발 200~300m의 넓은 평원과 낮은 구릉지를 아우른다. 소이산 정상에 오르면 확 트이는 시야 아래로 DMZ와 맞닿아 있는 철원평야가 '두루미평화마을'로 불리는 대마리 일대에서 철원읍 월정리 사이에 넓게 펼쳐져 있다. 멀리 동송읍 하갈리 일대에서 근북면의 일부까지 포괄하는 이 곡창지대는 강원도 전체 쌀 생산량의 35.8%를 담당하는 터전으로, 그 넓이가 약 4,332ha 즉, 39만6,696m²에 이른다. 그런데 이 넓은 대지는 철원 '오대쌀'의 산지로 유명해지기 훨씬 이전부터, 아니 인간의 역사가 이곳에서 시작되기 전부터 겨울 철새들의 보금자리였다.

소이산은 50년 넘는 세월 동안 군사기지로 활용되다가 생태숲으로 개방되었다. 소이산은 분단된 도시인 철원의 북녘 전체를 조망할 수 있다는 점에서, 그리

소이산 정상에서 바라본 철원평야

고 남북의 경계선이 없는 겨울 철새도래지로서 철원평야의 눈 덮인 대지를 한눈에 볼 수 있다는 점에서, 철새 탐방의 출발지나 종착지로 더할 나위 없는 곳이다. 가을걷이가 끝난 늦가을의 빈 들녘과 저수지에는 '귀한 손님들'이 찾아온다. 철새는 계절에 따라 번식지를 이동하거나 추운 겨울을 조금이라도 더 따뜻한 곳에서 보낼 수 있는 지역으로 이동하는 습성을 가진 새다. 한반도의 대표적 철새도래지인 철원평야는 휴전 이후 60년 넘게 민간인 출입 통제구역으로 지정되어 소수의 군인과 농민을 제외하면 인간의 통행이 거의 없는 지역이다.

이런 점에서 DMZ와 접한 습한 초지草地 군락과 관목 지대는 철새들이 안정적으로 겨우살이를 할 수 있는 최적의 공간이다. 천적의 위협이 없고 사람의 손길을 피해 먹이를 구할 수 있는 취식지가 넓은 이곳에서, 철새들은 모내기가 시작되기 전인 이듬해 3월까지 편히 휴식을 취하거나 남쪽으로 내려간다. 이처럼 철원평야는 수만 마리의 철새들이 떼지어 날아와 겨울을 나는 생명의 공간이자 북반구 철새의 이동 경로를 연구하는 데 중요한 정보를 제공하는 곳이다.

그런데 철원평야가 이처럼 겨울에 텅 빈 넓은 농경지로 남지 않고 천혜의 철새도래지가 될 수 있었던 것은 더운 지하수가 곳곳에서 샘솟아 오르는 용암대지의 특성도 한몫한다. 화산 활동으로 생성된 얼지 않는 습지대는 한겨울의 칼바람을 버틸 수 있는 보금자리가 된다. 그중에서도 철원읍 내포리 일대가 특히 손꼽힌다. 이곳은 과거 '재송평'이라 불렸던 곳인데, 지금은 흔적만 남은 경원선과 금강산전기철도 노선의 환승역이었던 철원역 및 안보 견학지로 만들어진 간이역인 월정리역 사이의 평탄한 지역을 가리킨다.

샘통과 천통리 철새도래지,
철새의 쉼터가 된 얼지 않는 샘

북녘 평강군에 있는 해발 462m에 분화구 둘레가 대략 2.5km인 작은 화산 오리산五里山에서 분출된 용암이 12회에 걸쳐 흘러와 굳었다가 검은 흙으로 침식되는 긴 지질학적 시간이 흘렀다. 거기서부터 현무암 지반 사이로 솟아오른 미지근하고 가느다란 물줄기가 양지리를 지나 한탄강 본류까지 약 6km 길이의 작은 하천들로 흘러가며 얼어붙은 벌판을 녹인다. 특히 내포리에서 '샘통'이라 불리는 곳은 천연 샘물이 사계절 내내 쉬지 않고 솟아나는 약 0.5ha 면적의 연못과 습지를 가리킨다. 이 샘통을 중심으로 반경 2km 이내가 바로 1973년 7월 10일에 천연기념물 제245호로 지정된 '천통리 철새도래지' 구역이다.

철원평야의 북쪽 중앙부 반경 2km 이내의 구역인 이 샘통 주변에는 멸종위기 I 급으로 천연기념물 제202호인 두루미, 멸종위기 II 급으로 천연기념물 제203호인 재두루미, 천연기념물 제228호인 흑두루미가 잘 보인다. 그리고 멧새류와 맹금류도 관찰할 수 있다. 꽁꽁 언 겨울 벌판을 녹이는 따스한 물줄기는 멀리서 쉼 없이 날아온 철새들에게 사막의 오아시스일 것이다. 시린 바람이 부는 겨울 아

—
천통리의 두루미가족

두루미(© 환경부)

재두루미(© 환경부)

흑두루미(© 환경부)

침, 민간인 통제구역인 이곳을 지날 때면 진귀한 새인 두루미와 재두루미의 우아한 날갯짓을 볼 수 있다. 예로부터 두루미는 장수와 평화의 상징인 '학鶴'으로 불렸으며, 키 140cm의 대형 조류다. 독수리에 버금가는 거대한 날개로 천천히 날아오르는 두루미의 우아한 몸짓은 사람들의 시선을 사로잡는다.

철원의 겨울 들녘에선 두루미와 함께 바로 옆 사람의 목소리도 안 들릴 정도로 '끼룩끼룩' 합창을 하며 날아오르는 기러기 떼의 울음소리도 들을 수 있다. 철원에서 군 생활을 한 이들에겐 추운 날씨가 악명 높지만, 얼지 않는 샘을 보유한 철원평야의 논·늪·저수지는 철새들을 매년 불러 모으는 '초청장'이 된다. 또한 오염이 덜 하고 한적한 곳이라 기후변화로 감소 추세이긴 하지만 여전히 철원은 철새들에겐 먹이 활동을 하기 좋은 곳이다.

샘통은 현무암 지반을 뚫고 15℃가량의 미지근한 온수가 솟아오른다. 그래서 이곳은 태봉의 새 도읍을 건설하였던 궁예 이전부터 사람들이 거주하기에 좋은 곳으로 알려져 있었다. 그러나 겨울에도 얼지 않고 가뭄에도 마르지 않는 이 샘 주위의 오래된 생명의 흔적들은 전쟁 와중에 모두 사라졌다. 주거지 근처를 감싸주던 울창한 노송老松과 아름드리나무들은 화재를 일으키는 공중폭격과 초토화 작전으로 파괴되었다. 그리고 휴전 이후에는 대북 경계 활동을 위한 벌목과 방화로 다시 또 뿌리를 내릴 수 없게 되었다. 이런 인간 세상의 폭력에도 아랑곳하지 않고 샘통에서 솟아난 지하수는 1970년대 이

후 민통선 북방의 농경지로 개간된 주변 땅의 생명수로 오늘도 흘러가고 있다.

샘통은 북쪽의 평강고원과 남쪽의 철원평야를 비롯한 이 지역 전체가 활발한 화산 활동으로 만들어진 '하나의 대지'임을 증명한다. 또한 여기서 솟아난 따스한 물은 수십만 년 전의 지질 변화가 단지 과거의 일이 아니라, 현재의 생명 활동과 인간 삶에도 여전히 큰 영향을 끼치고 있는 연속적인 변화 과정임을 보여준다.

토교저수지,
철새 학교로 거듭난 인공저수지

또 하나의 철새 탐방 마을인 양지리의 토교저수지土橋貯水池는 '철원지구 농업 용수 개발사업'으로 1976년 8년 동안의 공사 끝에 동송읍 이길리 일대에 축조된 인공저수지다. '토교'라는 이름에서 보듯이 흙으로 제방을 쌓고 물을 가두었다. 그 면적은 338.85ha이고, 유역 면적 2,370ha이며 최대 저수량은 1,700만 톤에 이른다. 이 토교저수지는 양지리·대위리·장흥리·오덕리의 농경지에 농업용수를 공급하며 가뭄과 홍수를 동시에 예방하는 '전천후보全天候洑'로 불린다.

철원평야의 저수지 축조 사업은 전쟁 후 철원평야를 빼앗긴 북측이 주요 수원水原인 봉래호의 물줄기를 황해도 연백평야로 돌려버리자 대응책으로 진행되었다. 토교저수지는 과거 남북의 전투적인 농업 생산성 대결의 상징이라 할 수 있다. 이러한 적대적 분단의 결과물인 토교저수지를 철새들이 그저 자신들의 보금자리로 찾는 것은 의미심장하다.

군탄리軍炭里 인근의 철새들이 많은 시간을 보내는 곳은 한탄강 하류의 고석정孤石亭, 맹금류가 많이 보이는 갈말읍 군탄리 철원 축협 주변이다. 그리고 샘통과 철원평야, 동송저수지와 철원평화전망대, 포격을 맞아 산 정상부가 줄줄 흘러내리는 것처럼 보였다는 삽슬봉의 '아이스크림 고지' 부근도 유명하다. 하지만 최적의 탐조探鳥 장소는 무엇보다 토교저수지로 알려져 있다.

저수지의 맑은 물속에는 각종 어류가 풍부하게 서식하는데, 멸종위기종들이 쉽게 양질의 월동 식량을 구할 수 있기 때문이다. 특히 토교저수지는 일출 전에 재두루미, 기러기, 오리가 일제히 날아오르는 장면을 촬영하기에 좋은 곳으로도 유명하다. 축조 당시 진촌·신대·길동 등 세 개 마을이 수몰되는 아픔을 겪었지만,

—
토교저수지

강원도 최대 농업용수 공급지인 토교저수지는 오늘날 풍요로운 철원평야가 만들어지는데 가장 큰 밑거름이 된 것으로 평가받는다.

저수지 주변은 군부대 초소가 경계근무를 서고 있지만, 토교저수지는 세계 최대 규모의 두루미 월동지다. 탐조 활동으로 적절한 시간대는 새벽녘 해 뜰 무렵, 정오에서 오후 2시 사이, 하늘이 석양에 물드는 저녁이다. 이때를 맞춰 주요 저수지를 방문하면 수만 마리의 기러기 떼가 하늘을 까맣게 뒤덮으며 날아가는 장관을 볼 수 있다. 어느 시인의 표현처럼, 그것은 "자기들끼리 끼룩거리면서, 일열 이열 삼열 횡대로 자기들의 세상을, 이 세상에서 떼어 메고, 이 세상 밖 어디론가 날아"(황지우, 「새들도 세상을 뜨는구나」)가는 '다른 세상'에 대한 상상을 가져다준다. 그렇기에 삼엄한 긴장감과 삭막함이 감돌던 접경지역의 저수지는 이제 다음 세대를 위한 평화의 '철새 학교'로 거듭날 수 있으리라.

여기서 새들은 '끄륵~ 끄르륵~ 끄륵' 잔소리를 하며 새끼들에게 생존 방법을 가르친다. 그리고 사람들은 철새의 습성을 관찰하고 배우며 아이들에게 자연의 아름다움과 숭고함을 가르친다. 일정한 패턴을 그리며 군무群舞를 추며 날아가는 기러기 떼와 바람에 몸을 맡기고 떠 있으면서 대지를 응시하는 고독한 독수리의 모습을 관찰하다 보면 이곳이 접경지역인 것도 잊게 된다.

DMZ두루미평화타운,
철새 탐조 1번지

양지리의 DMZ두루미평화타운은 폐교가 되었던 양지초등학교를 개축하여 2016년에 개관한 두루미 생태 교육 공간 및 두루미 탐조 시설이다. 대한민국 공간문화대상에서 문화체육관광부 장관상을 받은 자연 친화적인 건물이 방문자들을 편안히 맞이한다.

건물 내부에는 두루미와 야생동물 박제를 교육하는 전시실과 자연생태 정보를 제공하는 도서관과 더불어 숙박시설이 있다. 이곳은 본래 마을의 쇠락을 보여주는 폐교였다. 그런데 지역주민과 각 분야의 전문가들이 협력하여 마을의 특색을 잘 살린 공동공간이자 커뮤니티로 탈바꿈시킨 것이다. 이런 점에서 이곳은 모범적인 접경지역 민북마을 문화재생 사업으로 손꼽힌다. DMZ두루미평화타운에서 운영하는 겨울철 두루미 탐조 프로그램은 두 가지로 나뉜다. 제1코스인 'DMZ 두루미 탐조'는 해설사와 함께 토교저수지, 아이스크림 고지, 월정리역을 거쳐 철원평야를 가로지르는 근대문화유적에서 철새를 바라본다. 제2코스인 '한탄강 두루미 탐조'는 이길리에 있는 '철새도래지 관찰소'에서 탐조할 수 있는 프로그램으로, 입장권을 구매하여 개인 차량으로 이동한다. '두루미 잠자리'라고도 불리는 이곳은 두루미평화타운에서 3km 떨어져 있다.

10월에서 이듬해 3월까지 총 110여 종의 철새가 철원평야에서 겨울을 지내

DMZ두루미평화타운(© 철원군청)

거나 잠시 쉬어 가는데, 겨울 철새들은 크게 네 가지 그룹으로 나눌 수 있다. 두루미류, 수리류, 기러기류, 오리류가 그것이다.

먼저 두루미·재두루미·흑두루미와 같은 두루미류는 철원 겨울 철새의 주연배우로서 철원군의 상징 동물이자 가로등 디자인의 모델이기도 하다. 두루미는 전 세계에 2,900마리만 남은 멸종위기 I 급의 세계적인 보호조保護鳥다. 전 세계 두루미의 25% 정도가 철원에서 겨울을 지내며 15종 중 7종이 한국에서 관찰된다. 두루미라는 이름은 '두루루 두루루' 소리를 내며 우는 새라는 뜻에서 유래하였다.

또한, 머리 위에 붉은 털을 갖고 있어서 단정학丹頂鶴이라는 '점잖은' 별명이 어울린다. 몸 대부분은 흰색을 띠지만 목과 날개 안쪽은 검은색으로 우아한 자태에 강조점을 주고 있으며, 머리 윗부분은 빨간색으로 색의 조화가 특히 아름답다. 두루미의 번식을 위한 구애기는 2~3월인데, 이때 수컷이 추는 '학춤'은 진귀한 볼거리다.

갈대 습지에 둥지를 만드는 두루미는 임진강 유역과 철원평야에서 겨울을 나는 1,000여 마리 이외에도, 북측의 황해도 서해안 지역과 함경도 동해안 지역, 중국 남부, 일본 홋카이도北海道 등도 월동지로 활용하는데, 홋카이도의 두루미는 계절 이동을 하지 않는 텃새라고 한다.

이처럼 두루미에게 철원은 늦가을과 봄의 대규모 번식지 이동 시기 사이에 머무르기 좋은 곳이다. 또한 사람에게도 철원은 귀한 천연기념물을 비교적 장기간 가까운 거리에서 다양하게 관찰할 수 있는 거의 유일한 곳이다.

한편, 멸종위기 II 급으로 천연기념물 제243-1호인 독수리·검독수리·흰꼬리수리·참수리 등의 수리류도 철원을 찾는 겨울 귀빈貴賓이다. 날카로운 부리와 발톱으로 작은 동물들을 사냥하는 이 육식성 맹금류에게도 철원은 따뜻한 보금자리를 내준다.

철새 가운데 최대 규모로 무리를 지어 날아다니며 하늘에 까만 그림을 그리는 쇠기러기·큰기러기 등의 기러기류도 빼놓을 수 없는 겨울 철새다. 끝으로 청동오리·쇠오리 등의 오리류는 저수지를 중심으로 활발한 먹이 활동을 하면서 철원에서 겨울을 난다. 물론 봄과 여름, 그리고 가을에도 철새가 찾아온다.

무릇 사람에게 살기 좋은 땅은 동물들에게도 풍요로운 곳인 만큼 농약을 살포하지 않고 '오대쌀'을 키우면, 논에는 메뚜기류가 살고 그것들은 다시 철새의 좋은 먹잇감이 된다. 일명 '나그네새'로도 불리는 저어새·뒷부리도요·붉은어깨도요·큰뒷부리도요·알락고리도요·꼬가도요·붉은가슴도요·좀도요 등의 도요새류는 봄과 가을에 철원을 잠깐 다녀간다.

한편, 4월에서 10월 사이에 철원을 찾는 대표적인 여름 철새로는 쇠제비갈매기·백로·왜가리 등이 있다. 9월 중순에서 10월 중순에는 촉새·검은머리촉새·흰배멧새·꼬까참새 등 늦여름-초가을에 찾아오는 멧새류가 대규모 군락을 이룬다. 이들은 여름엔 시베리아에서 번식하고 동남아시아로 이동하는 수천 km의 먼 비행길 도중에 잠시 쉬어가는 중간기착지이자 보급기지로 이곳을 활용한다.

학저수지,
물이 마르자 이름으로만 남은 철새들의 흔적

빙판이 된 저수지나 한탄강과 임진강의 민통선 상류는 원래 두루미가 잠자는 장소로 즐겨 찾는 곳이었다. 그러나 서식 환경이 파괴되어 이제는 철새들이 찾지 않아 그 이름에서만 흔적을 찾을 수 있는 곳이 있다. 학저수지는 일제강점기인 1925년에 인근 협곡에서 유입되는 물길을 모아서 축조한 인공저수지로 동송읍 오덕리·대위리·관우리에 걸쳐 위치한다. 이름에서 알 수 있듯이 예부터 두루미가 많이 찾아오는 곳이었다. 학저수지는 현재 철원군의 저수지 여덟 곳 중에서 가장

학저수지

일찍 만들어진 곳으로 동송벌 일대의 '젖줄' 역할을 하였다.

그런데 상류에 토교저수지가 완공되면서 저수량과 수계의 규모가 확연히 줄어들어 이젠 늘 수위가 낮은 편이다. 그래서 최근엔 낚시터나 아름다운 노을 사진을 찍는 출사지로 사람들이 찾는다. 철원군은 학저수지 생태탐방을 위한 둘레길 조성사업을 벌여 이 일대에 서식하는 동식물을 관찰하고, 농촌문화를 체험하는 여행 코스를 마련하였다. 그렇지만 학저수지에 다시 활력이 감돌기는 어려울 것 같다. 물이 말라서 이제는 저수지라 부르기도 민망한데, 낚시꾼들이 버리고 간 오염물로 몸살을 앓았기 때문이다. 한편 '학'이 찾아오지 않는 학저수지에도 늘어나는 것이 있는데, 바로 인공적인 공원 시설물이다. 학저수지의 사례는 자연의 순환과 균형이 깨어졌을 때 사람이 어떻게 개입해야 하는지를 고민하게 만든다.

두루미,
남북을 이어주는 평화의 전령이 되어라

흔히 쓰는 '철새 정치인' 같은 표현에서 보듯이 '철새'라는 말은 지조 없는 뜨내기를 비하하는 의미로 쓰인다. 하지만 이 말을 두루미가 들으면 섭섭해할 것 같다. 우리 조상들은 두루미를 신의(信義) 있는 새로 여겼다. 매년 같은 장소에 나타나는 두루미는 자기 고향을 잊지 않고 찾아오는 귀한 손님의 모습처럼 보였으리라. 해방 이전까지만 해도 전국 각지에서 두루미 무리를 수천 마리나 볼 수 있었다는데, 최근엔 철원에서 강화에 이르는 접경지역 일부에서만 관찰된다.

남북의 사람들이 서로 왕래하지 못한 지 77년이 넘었다. 한국전쟁 당시 수십만 명의 사람이 쓰러진 이곳은 외지인의 출입이나 개발이 계속 제한되었다. 그 덕분에 이곳은 철새들의 평화로운 안식처로 조성될 수 있었다. 겨울 철새들의 낙원은 아이러니하게도 비극적인 분단 역사의 산물이다.

두루미는 산, 들, 강이 만들어내는 지형적 특성을 기억하고 방문했던 장소를 다시 찾아오는데, 전후 철원평야만큼 원래의 지형을 보존한 곳이 어디 있으랴. 그래서 어떤 논에는 매년 같은 두루미가 와서 터를 잡고 먹이 활동을 한다. 농번기 동안 철원평야의 주인이 농민이라면 겨울 동안의 주인은 철새다.

하지만 철새들의 주요 먹이였던 벼 낟알이나 낙곡(落穀)이 거의 나오지 않는 등 서식 환경도 점차 악화하고 있다. 최근에는 탐조가와 조류애호가들의 무절제한 탐방으로 두루미의 월동지가 위협받고 지구적 기후변화와 더불어 철원을 찾는 철새의 개체 수가 점점 감소하고 있어서 이에 대한 적절한 대책도 절실히 요구된다.

또한 예정된 경원선의 복원공사 구간은 두루미의 핵심 서식지를 관통할 수밖에 없으므로 앞으로 얼마나 계속 두루미를 볼 수 있을지 장담할 수 없는 상황이

—

남북을 오가는 두루미의 날개짓(ⓒ 철원군청 한탄강지질공원)

기도 하다. 천 백여 년 전, 궁예를 따르던 백성들도 평원에 앉아있는 수많은 철새를 보았을 것이다. 일제강점기에 기차를 타고 철원역에 왔던 사람들도 울창한 갈대밭 사이에서 일제히 하늘로 날아오르는 두루미와 기러기의 황홀한 모습을 감탄하며 구경하였을 것이다.

　전쟁 이후, 철원은 허리가 잘린 땅이 되었지만, 두루미는 남북의 끊어진 경계 위를 자유롭게 날아다닌다. 언제나 그랬듯이 두루미는 남북이 하나로 움트는 땅을 자유로이 오가며 '봄' 소식을 전해주는 평화의 전령이다. 저수지 위에서 부서지는 아침 햇살을 밟고 부메랑 모양으로 날아오르는 기러기 떼의 '군무', 제 짝을 찾기 위해 온 신명을 다해 추는 두루미의 우아한 '학춤'은 계속되어야 한다.

철원의 겨울 철새들

기러기·독수리·두루미·부엉이 등의 '겨울새'는 북쪽에서 번식하고 여름새가 떠난 뒤 겨울에 우리나라로 찾아온다. 반면에 뻐꾸기·백로·파랑새 등은 봄에 남쪽에서 날아와 번식 후 가을에 다시 남쪽으로 내려가는 '여름새'다. 물론 서식지 환경의 파괴나 기후변화에 따라 어떤 지역에서는 더는 철새가 아니라 잠시 머물다 가는 나그네새와 떠돌이새로 파악될 수도 있다.

철원의 민간인출입통제선 안과 밖 지정된 관찰소에서 겨울 철새 관찰을 목적으로 하는 '탐조 여행'은 연말이 가까워지는 시기부터 절정을 맞는데, 방문객들은 'DMZ두루미평화타운'에서 접수할 수 있다. 제1구간인 'DMZ 전방 탐조'는 비무장지대 상황에 따라 유동적이지만, 제2구간인 한탄강 두루미 탐조는 비교적 제한 없이 이용할 수 있다. 특히 철원평야 가운데 천통리 철새도래지 일대는 따스한 지하수가 흘러 얼지 않기 때문에 물을 쉽게 구할 수 있고, 철새들의 먹이가 되는 곤충류, 미꾸라지, 다슬기도 풍부하다.

철원군을 상징하는 두루미 캐릭터(ⓒ 철원군청)

'두루미의 보고'로 불리는 철원의 겨울 철새 중 진객珍客은 무엇보다 약 4,000여 마리 정도 찾아오는 두루미(멸종위기 I 급, 천연기념물 제202호), 재두루미(멸종위기 II 급, 천연기념물 제203호)다. 전 세계에 서식하는 15종의 두루미류 중 7종이 철원을 찾는 것으로 알려져 있다. 더불어 운이 좋다면 큰고니(천연기념물 제201-2호)나 독수리(멸종위기 II 급, 천연기념물 제243-1호)도 멀리서 관찰할 수 있다. 또한 큰 무리를 지어 날아다니는 쇠기러기 등도 빼놓을 수 없는 볼거리다. 또한 더 이른 가을철인 9월 중순에서 10월 중순은 하늘에서 철새들이 가장 많이 이동하는 시기로, 시베리아 동북부에서 번식하고 월동지인 동남아로 대집단을 이루어 남하하는 촉새류와 멧새류의 장관을 볼 수 있다.

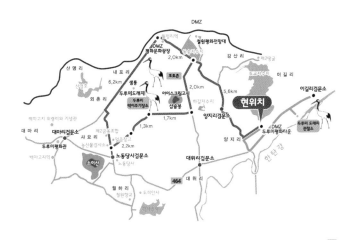

두루미 탐조 코스(ⓒ 철원군청)

11 ＿＿＿＿

시·서·화(詩書畵)를 담은
치유의 길

철원과 연천 사이에는 해발 832.1m의 고대산高臺山을, 포천과의 사이에서는 923m의 명성산鳴聲山을, 그리고 화천과의 사이에서는 1,152m의 복주산伏主山, 1,046m의 광덕산廣德山, 1,175m의 대성산大成山을 두고 서로의 경계를 나누고 있다. 산이 높으면 계곡이 깊고 수량이 풍부하다.

1,000m 안팎을 넘나드는 높은 산들에 둘러싸인 철원평야 사이로는 '은하수의 강'인 한탄강漢灘江과 '꽃처럼 아름다운 강'인 화강花江이 흐른다. 게다가 철원은 서울과 개성, 평양을 잇는 중간 경로 지점이자 서울에서 금강산을 가는 길의 중간 기착지이기도 했다.

금강산 유람 길에 나선 조선의 많은 선비와 문인이 이곳 철원에 머물렀고, 이에 관해 다양한 시와 글, 그림을 남겼다. 삼연 김창흡三淵 金昌翕과 그의 제자들인 겸재 정선과 사천 이병연槎川 李秉淵, 그리고 매월당 김시습 등이 그들이다.

특히 매월당 김시습은 철원의 산수가 내어놓은 생명의 힘으로 자신의 상처를 보듬었고, 겸재 정선은 중국의 산수화와 다른 한반도의 고유한 미를 형상화할 수 있었다. 그래서 이 길을 따라 걷는 것은 혼탁한 세상사에 상처받은 영혼들이 안식을 얻는 길이자 한반도의 수려한 강산이 제공하는 생명의 기운을 호흡하는 과정이라고도 할 수 있다.

금강산 가는 길에서 만난 절경,
화적연

정선은 30대에 두 차례에 걸쳐 금강산 여행을 다녀왔다. 정선의 대표작 「인왕제색도仁王霽色圖」가 보여주듯이 그는 서울 인왕산 자락에서 태어나 자랐고 주로 인왕산과 한강 유역을 화폭에 담았는데, 그런 그에게도 '금강산'은 반드시 갔다 와야 할 곳 중에 하나였다.

그는 1711년 스승 김창흡 등과 함께 금강산을 다녀온 지 1년 만에 당시 강원도 금화현감이었던 사천 이병연의 초대로 다시 금강산을 찾아 나섰다. 이병연은 '진경시眞景詩'의 대가로 알려진 당대의 문필가로서, 겸재와는 노론의 집단 거주지였던 북악산 아래 있는 같은 동네에서 태어나고 자란 '절친' 사이였다.

하지만 이 둘 사이를 더욱 독특하게 만든 것은 서로가 지닌 재능의 무게와 방향이 달랐다는 점이다. 겸재 정선이 당대의 '화畵'를 대표한다면, 사천 이병연은 '시詩'를 대표했다. 이병연이 남긴 글에 의하면, 겸재와 사천은 서로 시와 그림을 나누기로 약속했던 것으로 보인다.

> "나와 겸재는 시가 가면 그림이 오도록 왕복을 기약하여 내 시와 그대의 그림을 서로 바꾸어 보자 하였다. 시와 그림의 경중을 어찌 값으로 따지 겠는가. 시는 가슴에서 나오고 그림은 손을 휘둘러서 이루어지니, 누가 쉽고 누가 어려운지 모르겠더라."

겸재는 금강산 여행을 마치고 30여 폭의 금강산 그림을 그려 벗 이병연에게 주었고, 이병연은 두 사람의 스승인 김창흡의 '제題'를 받아 화첩畵帖 『해악전신첩海岳傳神帖』을 꾸몄다.

금강산으로 가는 길에서 맨 처음 정선의 발걸음을 붙잡은 것은 철원의 입구이

화적연

자 포천의 외곽에 위치해 있는 '화적연禾積淵'이었을 것이다. 화적연은 한탄강 강물 속에서 솟구쳐 올라와 있는 높이 13m에 달하는 바위다. 사람들은 이 바위의 모양이 마치 볏 짚단을 쌓아 올린 것처럼 보인다고 하여 '벼 화禾'와 '쌓을 적積', '연못 연淵'이라는 글자를 써서 '화적연'이라 불렀다.

화적연의 솟아오른 암석은 땅속의 마그마가 식어 형성된 '화강암'으로, 역시 지상으로 나온 마그마가 식어서 형성된 현무암지대와 어울려 한탄강의 절경을 만들어낸 것이다. 그는 거칠 것 없이 흐르는 강물을 가르며 솟구쳐 오른 바위가 만들어내는 장쾌한 장관에 반해 「화적연도禾積淵圖」를 그렸다.

겸재는 진경산수화의 대가답게 실제를 그대로 그리는 것이 아니라 솟구쳐 오른 바위를 현실의 바위보다 훨씬 크고 장대하게 그려 그 웅장함을 강조함으로써 '볏단을 쌓은 연못'이라는 의미를 최대한 살리고 있다.

그의 스승 삼연 김창흡은 「화적연도」를 보고 여기에 '제화시題畵詩'를 붙였다.

겸재 정선의 <화적연> (© 공유마당)

"높은 바위 거기 솟구치니, 매가 깃드는 절벽이요. 휘도는 물굽이 그리 검으니, 용이 엎드린 못이로다. 위대하구나, 조화여. 감돌고 솟구치는 데 힘을 다했구나! 가뭄에 기도하면 응하고, 구름은 문득 바위를 감싼다. 동주(東州) 벌판에, 가을 곡식 산처럼 쌓였네."

동주는 철원의 옛 이름이다. 김창흡은 '볏단을 쌓은'이라는 의미에서 곡창지대였던 철원평야에서 생산된 곡식을 덮고 있는 황금빛 벌판을 떠올렸는지도 모른다. 여기에 그의 친구 이병연은 다음과 같은 제시를 붙였다.

"물 가운데 둥근 돌 솟구쳐, 위에 앉아 들여다보니 검은빛이다. 사람들 괴물이 서려 있다 말하게 되니, 뉘라서 감히 깊은 못에 침을 뱉을까. 부딪치는 물결 미미하게 솟구치고, 이는 구름 자세하게 걸린다. 원님은 비를 빌러 오는데, 길은 묵은 솔밭 가로 나 있다."

아마도 그는 이 그림을 보고 화적연에 얽힌 옛 전설을 떠올렸을 수도 있다. 옛날에 3년간 비가 내리지 않는 극심한 가뭄이 지속되자 이 고을의 한 늙은 농부가 이곳에 와서 한숨을 쉬며 다음과 같이 탄식을 했다고 한다. "이 많은 물을 두고도 곡식을 말려 죽여야 한다니, 하늘도 무심하구나. 용龍은 어디 가고 3년 동안 잠만 자는가 보다." 그러자 갑자기 물이 뒤집히면서 용의 머리가 나오더니 꼬리를 치고 하늘로 올라가고 그때부터 비가 내려 풍년이 들었다고 한다.

이 일이 있은 후, 이 지방에서는 화적연에서 기우제를 드렸다고 한다. 검은빛을 띨 정도로 깊은 연못 위에 볏단을 쌓은 것처럼 솟아오른 바위가 이와 같은 전설을 만들었을까? 하지만 철원평야에 젖줄인 물과 관련된 전설은 여기서 멈추지 않는다.

진경산수화로 그려지다,
삼부연폭포

용은 물에 사는 신령한 동물로, 비와 구름을 일으킨다. 삼부연폭포三釜淵瀑布에도 용과 관련된 전설이 남아 있다. 먼 옛날, 네 마리의 이무기가 이곳 삼부연폭포에서 도를 닦았다고 한다. 그런데 궁예가 철원에 도읍을 정할 때, 이 중 세 마리가 폭포의 바위를 뚫고 하늘로 승천을 했고 그 자리에 세 개의 연못이 만들어졌다.

하지만 용이 되지 못한 이무기는 비가 내리지 못하게 심술을 부렸고, 극심한 가뭄에 지친 마을 사람들은 이무기를 달래는 기우제를 지냈지만 비는 내리지 않았다. 화가 난 청년이 바위를 깨서 연못에 던지자 천둥소리와 함께 폭우가 쏟아졌고 청년은 그 폭우에 휩쓸려 죽었다. 그 후 마을 사람들은 가뭄이 들 때마다 이곳에서 기우제를 지내면서 세 개의 연못에 돌을 던지게 되었다고 전해지고 있다.

'삼부연폭포'의 형상은 마치 용이 승천하는 모습을 닮았다. 삼부연폭포는 높이가 20m, 폭이 1m에 이르며 3단으로 된 폭포다. '삼부연'이란 이름은 '가마 부釜'라는 글자를 쓴 데에서 보듯이 폭포물이 떨어진 곳에 생긴 움푹 팬 가마솥처럼 생긴 물웅덩이가 세 개라서 붙여진 것이다. 폭포가 3단 구조를 가지고 있기 때문에 삼부연폭포는 위로부터 시작하여 각각 '노귀탕', '솥탕', '가마탕'이라고 하는 세 개의 연못을 두고 있다.

삼부연폭포는 위로부터 시작하여 일직선으로 떨어지는 것이 아니라 마치 용이 승천하듯이 좌우로 가늘고 긴 몸을 비틀면서 하늘로 올라가는 듯한 모습을 하고 있다. 정선은 이곳에서 다시 발걸음을 멈췄고 이곳을 화폭에 옮겼다.

겸재는 이곳에서 좌우로 세 번에 걸쳐 미끄러지듯 곡선을 이루면서도 마지막에는 일직선을 이루며 떨어지는 폭포수를 보고 호방하면서 장쾌한 필법을 사용하여 그것을 화폭에 담고자 했다. 화면 중앙에는 위로 솟아오른 거대한 돌기둥 모

—
겸재 정선의 <삼부연> (ⓒ 공유마당)

양의 암석 봉우리가 있다. 그리고 그 왼쪽에 있는 암석으로 된 절벽을 따라 3단으로 떨어지는 폭포를, 그는 '마치 도끼로 쪼개내듯 붓을 쓸어내려' 그린 '부벽찰법斧劈擦法'을 사용하여 그렸다.

하지만 그는 그 아래쪽 봉우리 끝과 떨어져 내린 물줄기를 따라 울창하게 들어선 소나무 숲을, 부벽찰법과 상반되게 '먹을 잔뜩 머금은 붓을 눕혀' 그린 '먹칠법'을 사용함으로써 양자의 대비를 극명하게 하였다.

게다가 진경산수화는 있는 그대로를 그리는 것이 아니다. 그것은 마음에 느끼는 바를 통해 풍경을 표현한다. 그는 삼부연폭포 뒤편 겹겹이 겹쳐져 있는 용화산龍華山의 산봉우리들을 과감히 생략하고 대신에 폭포수 아래 연못을 강조하였다.

또한, 폭포를 보고 있는 사람들을 매우 작게 그린 대신, 삼부연폭포의 봉우리를 거대하게 우뚝 선 것처럼 대비적으로 표현함으로써 삼부연폭포가 만들어내는 자연의 경외심을 극대화하였다. 아마도 폭포 아래 너럭바위에 서서 폭포를 바라보는 네 명의 선비와 두 명의 동자는 스승 김창흡과 절친 이병연, 그리고 겸재 일행이었을 것이다.

진경 문화를 꽃피운 고장,
용화동

겸재 정선이 그린 '삼부연폭포'의 오른쪽에는 산봉우리를 향해 난 길이 있다. 그 길은 그의 스승 김창흡이 은거하던 용화사龍華寺가 있는 '용화동龍華洞'으로 가는 길이다. 김창흡은 '삼부연폭포'를 보고 그 아름다움에 반해 그의 호를 '삼부연'의 별칭인 '삼연三淵'이라 지었다.

김창흡은 좌의정 김상헌의 증손자이며 영의정 김수항의 아들이다. 하지만 1689년 '기사환국'으로 아버지 김수항이 사약을 받아 죽게 되자 관직에 나가지 않고 전국의 명승지를 유람하면서 글과 시를 남겼다. 27세 젊은 나이에 가족을 데리고 용화사에 은거한 것으로 전해진다.

김창흡은 이곳에서 주역을 연구하고 진경 문화의 창달을 모색하였다. 그러다 보니 '용화동'은 진경 문화의 요람이 되었고, 그의 제자들이 찾아와 시를 읊고 그림을 그리는 교류의 장이 되었다. 겸재는 금강산 가는 길에 '삼부연'을 화폭에 옮겨 스승에게 보여주었다. 스승은 제자의 그림을 보고 다음과 같은 제화시로 화답했다.

> "거대한 절벽 검은 못에 3단계로, 폭포를 이루었구나. 용은 아래에 숨고,
> 선비는 위에 깃들였네. 그 덕을 같이하길 원했으나, 끝내 그 이름만 훔쳤
> 을 뿐인가(巨壁玄潭 三級成瀑 龍蟄于下 士栖于上 庶同其德 而終竊其號而
> 己耶)."

자연 앞에서 초라해질 수밖에 없는 인간에게는 덕을 쌓는 끝없는 도야의 과정만이 존재하는 것인지도 모른다. 이병연도 벗의 그림에 다음과 같은 제시를 덧붙였다.

"윗가마 가운데로 떨어지니, 큰 물결이 아랫가마에 걸린다. 올려다보니 전체가 하나의 절벽이라, 누가 세 못이 뚫렸다 하랴! 태초에 용이 움켰던가, 천년을 낙숫물이 뚫었네. 조화를 물을 길 없이, 지팡이에 의지해 망연히 홀로 서 있네(上釜落中釜 波濤下釜懸 仰看全一壁 誰得竅三淵 太始思龍攫 千年驗溜穿 無由問造化 倚杖獨茫然)."

하지만 겸재가 젊은 시절 그린 「삼부연도」도, 「화적연도」는 현재 전해지지 않는다. 대신에 그가 72세가 되어 다시 그린 『해악전신첩』 속에 그림이 남아 있고 여기에 김창흡과 이병연의 글이 들어 있을 뿐이다. 그들은 자연을 벗 삼아 서로의 정신과 정서를 나누고 진경 문화를 일구었다.

그들은 병자호란 이후, 정계의 주도 세력인 노론이 지향하는 '조선중화주의'를 추구했고, 김창흡을 위시하여 겸재와 그의 친구 이병연은 그런 사조에 힘입어 '진경산수화'와 '진경시'라는 새로운 예술 양식을 꽃피웠다.

물론 김창흡이 은거한 용화사가 오늘날 어디에 있는지에 대해서는 논란이 많다. 하지만 그가 지금의 철원군 갈말읍의 용화동에 있는 석천계곡을 유람하고 그것을 그의 문집인 『삼연집』에 「석천곡기石泉谷記」라는 글로 남겨 놓은 것은 분명하다. 「석천곡기」에 의하면, 그는 세 번이나 석천계곡을 유람하고 나서 이 글을 썼던 것으로 보인다. 이로써 짐작해본다면, 용화사는 석천계곡에서 그리 먼 곳에 있지는 않았을 것이다.

현재 석천계곡으로 가는 등산로는 철원군 갈말읍 용화동 용화저수지 상단부에 조성되어 있다. 석촌계곡을 따라 기술된 「석촌곡기」에 나오는 대표적인 장소는 '석천사', '소운폭포', '구첩병', '미화석', '통현교', '금벽담', '유주담' 등이다.

여기서 그는 "폭포의 위와 아래에 함께 한 그루 울창한 소나무가 특이하게 자라고 있는데, … 그 사이로 흩어지는 물거품이 바뀌어 회오리바람처럼 뿌린다. 바람이 지나면 흰 구름이 뒤엉킨 것 같아, 소운폭포素雲瀑라고 부른다"라고 하거나,

"사방을 둘러보니 산이 둘러싸고 있고, 온갖 풀과 나무가 구불구불하다. 그 사이에 기이한 꽃이 섞여 있고 울창한 숲이 어지러이 펼쳐져 있어, 이상한 향기가 나는 것 같다. 마음을 취하게 하기 때문에, 그 돌을 미화석迷花石이라 부른다"라는 식으로, 각각의 장소들이 지닌 풍광에 대해 그가 느낀 마음을 담아 기록하고 있다.

피탄지의 녹물이 흘러들었던 곳,
용화저수지

김창흡은 석촌계곡을 유람하면서 마주쳤던 '통현교通玄橋'를 다음과 같이 묘사하고 있다.

> "금벽담부터 연이은 커다란 바위와 양옆의 가파른 절벽은 뛰어난 풍경을 연출하여 감탄사를 연발하게 한다. 왼쪽 산은 바위로 이루어져 있고, 오른쪽은 나무 그늘로 컴컴할 정도다. 계곡을 따라가다가 더 이상 갈 수 없는 곳에 다다르면 통현교를 만나게 된다. 속세의 인연을 끊고 이곳을 통과하면 도(道)를 구할 수 있다 하여 통현교(通玄橋)라는 명칭이 된 것이다."

아마도 그는 출사를 거부하고 용화동에 은거했을 때, 아버지의 죽음을 비롯하여 모든 세속의 아픔을 잊고 삶의 안정을 구하고자 했는지도 모른다. 하지만 권력과 탐욕에 물든 속세가 파괴하는 삶이 어찌 조선의 당쟁에만 있었겠는가? 오늘의 사람들은 삼부연폭포에서 용화동으로 갈 때, 과거 정선이 걸었듯이 삼부연폭포 오른쪽으로 난 길을 따라가지 않는다. 대신에 삼부연폭포 바로 위쪽에 난 터널을 지나간다.

용화터널

　원래 이곳의 터널은 1973년 육군공병대가 뚫은, 길이가 약 80m, 폭 4m, 높이 3.5m의 '오룡굴'이라고 불리는 터널이었다. 이 터널은 암벽을 뚫어 만든 암벽굴로, 삼부연폭포에서 용화동으로 넘어가기 위해 낸 길이었다. 하지만 지금은 폐쇄되었고 늘어나는 관광객들을 위해 그 옆에 새로 '용화터널'을 냈다.

　그런데 오룡굴은 단순히 왕래를 위해 만든 터널은 아니었다. 그것은 용화동 뒤편의 명성산 자락이 군부대의 포사격이 이루어지는 '피탄지'가 되면서 군대의 입·출입을 위해 만들어졌다. 한국전쟁이 끝난 직후인 1954년부터 철원이 수복되면서 이곳은 갈말읍 문혜리 및 동막리 포사격장, 동송읍 장흥리 Y진지, 연천군 다락터 포사격장 등지에서 이루어지는 사격훈련 의 표적지가 되었다. 이곳에 수많은 불발탄과 탄피가 묻혀 있는 이유이기도 하다. 예전에는 사격이 있는 줄 모르고 입산했던 사람들이 피해를 입기도 했다. 현재는 포사격이 있는 날에 입산을 금하지만 방향을 잃은 포탄들이 마을에 떨어져 사고를 일으키기도 했다.

용화저수지

용화동 마을이 자리 잡은 산은 포격에 의해 하얗게 맨살을 드러내고 있으며, 용화동 앞 저수지는 탄피에서 흘러나온 녹슨 철물에 오염되어 먹을 수 없는 물이 되고 말았다.

용화동 저수지는 1960년, 기존의 자연 소류지 즉, 늪지대를 확장하여 만든 인공저수지로 삼부연폭포의 힘찬 물줄기를 만들어내는 물들의 저장소였다. 하지만 불과 몇 년 전만 해도 마을 사람들은 꼬리가 굽은 물고기가 잡히는 등 수질이 오염되었으며, 자신들도 알 수 없는 질환을 앓고 있다며 역학조사를 요구했다. 지금은 정비하여 청정마을을 내세우고 있지만, 포탄에 파괴된 산은 여전하다. 그래서 이 용화저수지는 군사적 긴장과 대결이 지배하는 냉전은 국토만 파괴하는 것이 아니라, 거기에 살고 있는 사람들의 목숨과 역사적 기억, 문화유산도 파괴한다는 것을 보여주는 실증의 장소로 소환되고 있다.

굴원의 맑은 영혼을 꿈꾸다,
정자연

인간이 자연을 어떻게 대하든 자연은 인간을 품는다. 세속의 탐욕과 권력에 상처받은 사람들은 자연에서 새로운 힘을 얻었다. 겸재 정선이 '삼부연폭포'를 지난 후 그의 화폭에 담은 '정자연亭子淵'도 그런 곳이었다.

북쪽의 오리산에서 분출한 용암은 평강고원에서부터 시작하여 철원평야를 거쳐 연천–파주까지 이어지는 용암대지를 만들고, 북쪽 장암산에서 발원하여 흐르는 한탄강은 다시 이들 현무암을 깎아 협곡을 만들어냈다. 정자연은 한탄강 물줄기를 따라 병풍처럼 둘러선 절벽을 만들어낸다.

겸재는 이곳 정자연의 병풍처럼 깎아지른 듯 길게 펼쳐져 있는 암벽과 그 암벽들을 담아 거울처럼 비추고 있는 한탄강에 반해 「정자연도亭子淵圖」를 그렸다. 그는 전면에 '오리탄' 또는 '칠리탄'이라고 불린 긴 암벽을 일자로 펼쳐 놓고, 그 아래로 흐르는 강 이쪽에 노송과 잡목 숲에 둘러싸인 초가집 세 채를 그렸다.

—
겸재가 실견했던 정자연

겸재 정선의 <정자연> (ⓒ 공유마당)

　절벽은 그가 잘 썼던 '부벽찰벽' 수법을 사용하여 예리하게 쪼개듯 그려내 깎아선 절벽의 위용을 드러내는 반해 아래쪽에는 소나무 숲에 둘러싸인 황씨촌과 그 언덕 아래 빈 배 한 척을 그려 넣어, 자연 속에서 사람들의 삶이 가진 고즈넉한 여유로움을 보여주고 있다.

　그림에 등장하는 황씨촌의 기원은 월담 황근중月潭 黃謹中이다. 그는 인조반정으로 광해군이 폐위되자 이에 저항하여 관찰사를 그만두고 고향인 이곳으로 내려와 정자를 세우고 초야에 은거했다. 그 정자의 이름이 바로 '창랑정滄浪亭'이다.

　'창랑'은 '푸르른 물결'을 뜻하는데, 굴원이 쓴 「어부사漁父詞」에서 따와 지은 이름이다. 굴원은 다음과 같이 읊었다.

　　"창랑의 물이 맑으면 내 갓끈을 씻고, 창랑의 물이 흐리면 내 발을 씻으리라!(滄浪之水淸兮 可以濯吾纓 滄浪之水濁兮 可以濯吾足)"

훗날 고려대 총장을 지냈던 소설가 유진오가 쓴 단편 「창랑정기」(1938)의 '창랑'은 그 제목을 굴원에게서 가져왔지만, 소설의 공간인 '창랑정'은 인조 때 황근중이 이곳 철원에 지었던 '창랑정'과는 별개다.

초나라의 신하였던 굴원은 간신들의 음모로 인해 유배를 떠났고 더러운 세상을 한탄했다. 어부가 물었다. "아니, 초나라 대부님이 아니십니까? 어쩌다 이 지경이 되셨습니까?" 그러자 굴원이 답했다. "내가 이 지경이 된 것은 모든 사람들이 더러운데 나만 깨끗했기 때문이고, 모든 사람들이 취했는데 나만 깨어 있었기 때문이라네." 결국, 그는 더러운 세상에 때를 묻히기 싫다고 멱라강에 빠져 죽었다.

아마도 어지러운 세태를 걱정했던 굴원처럼 황근중 또한, 이곳의 깎아지른 바위와 그 사이를 흐르는 맑은 물길에서 굴원의 삶을 생각하고, 어지러운 세태 속에서도 '맑은 영혼'을 고수하고자 했던 자신을 투영한 것일까?

사대주의에서 벗어나려 했던 조선만의 자의식,
'화강백전'과 철원 충렬사지

겸재는 황씨촌 마을의 한 집에서 마치 자신과 그의 친구 이병연을 연상하는 듯이 오순도순 담소를 나누는 두 사람의 모습을 「정자연도」에 그려 넣었다. 그들은 김창흡을 스승으로 모시고 글과 그림 분야에서 각각 진경 문화를 꽃피웠다. 정자연에서 겸재는 벗과 함께 하는 세상만으로 모든 것이 충분하다고 생각했는지도 모른다.

하지만 겸재가 금강산을 가는 길에서 가슴에 담았던 것은 '아름다운 금수강산'만이 아니었다. 화적연, 삼부연폭포, 정자연은 누구나 눈에 담고 싶어 하는 수려한 곳이다. 그가 정자연을 지나서 화폭에 담은 「화강백전花江栢田」은, 다른 그림들과 달리 풍광이 아름답지 않다.

'화강'은 이곳의 지명인 김화의 옛 이름이며 '백전'은 그 당시 화강이 흐르는 김화읍에 있었던 잣나무 숲과 그 일대 밭을 가리킨다. 그렇다면 그는 독특한 풍광이 있는 것도 아닌 이곳을 왜 그렸던 것일까? 그 이유는 이곳이 병자호란 당시 조선군이 거뒀던 2대 승전의 하나인 '김화대첩' 또는 '백전대첩'의 장소였던 것과 연결된다. 그래서 겸재는 정면 중앙에 잣나무 숲을 채우고 그 아래 빈 터를 남겨 전장을 보여주고 백석白石을 그려 넣었다.

청나라 군대에 맞서 싸워 승리한 조선군의 기개는, 진경산수에 몰입했던 겸재의 처지에서 본다면 분명 맞아 떨어지는 부분이다. 그런데 전장과 함께 그려 넣은 백석의 의미를 오늘의 관점에서 생각해보면, 전장에서 죽은 병사들의 혼을 애도하는 그의 마음 무늬로 읽힌다.

철원에는 김화 백전대첩의 주인공인 홍명구와 유림 장군의 위패를 모신 사당인 충렬사의 흔적이 남아 있다. 충렬사지가 그것이다. 조선 효종 1년(1650)에 지어져, 효종 3년(1652) 충렬사라 이름하고 그것을 새긴 현판을 하사하였다. 『강원도지』에 의하면 후에 고쳐 지은 기록이 남아있으나 연대는 알 수 없고, 한국전쟁 당시 파손되었던 사당, 내삼문, 담장 등을 1998년 새로 고쳐지었다. 충렬사지에는 홍명구 충렬비와 유림 대첩비가 남아 있으며,

겸재 정선의 <화강백전> (ⓒ 공유마당)

충렬사지(ⓒ 문화재청)

1997년에 비문 보호를 위해 보호각을 세워 보존하고 있다.

병자호란은 만주족이 세운 국가인 청이 명나라에 사대事大를 고수하는 조선을 침략한 전쟁이다. 따라서 '소중화'를 자처하는 조선의 사대부들에게 이것은 오랑캐에게 굴복한 것으로, 조선의 자존심을 뭉개는 일이기도 했다.

실제로, 그 당시 송강 정철을 비롯하여 사대부들은 금강산으로 가는 길에 이곳을 찾았다. 하지만 이런 중화주의에 물든 사대주의가 오히려 조선의 사대부들로 하여금 '조선적인 것'에 대한 자기의식을 일깨우는 계기가 되었으니 실로 아이러니하다고 할 것이다.

겸재 또한 병자호란 이후 만주족이 지배하는 중원의 일부로서가 아니라 이와 다른 '조선적인 것'으로서 조선의 산천을 화폭에 담고자 했으며, 그것이 그를 '진경산수화'의 대가로 만들어 놓았다.

진경산수화는 옛것의 형식화와 동일한 표현의 반복 등 상투성에 대한 반성에 기초하여 당대의 현실 속에서 이상과 가치를 재인식하고자 하는 당시 사대부 사회의 분위기를 반영하고 있다. 따라서 진경산수화는 우리 산천의 고유성, 조선적인 색깔을 찾고 이를 주자학적 자연관과 접목시키고자 했으며 우리의 산천 풍광 속에서 주자학적 이상과 가치를 찾고자 했다.

탐욕의 속세를 등진 영혼을 담다,
매월대폭포

겸재가 철원에서 진경산수의 멋에 취해 이곳을 화폭에 담기 250여 년 전, 이곳에 방랑하는 자신의 몸을 의탁한 사람이 있었다. 그는 조선이 낳은 천재이면서도 세상을 등지고 시를 지으며 일생을 방랑과 기행 속에 살아간 매월당 김시습 (1435~1493)이다.

세조가 그의 어린 조카 단종을 폐위하고 왕위를 찬탈한 것은 김시습의 나이 21세 때의 일이다. 그는 문을 닫고 사흘을 통곡한 다음, 책을 모두 불사르고 머리를 깎은 뒤 중이 되었고 긴 방랑을 시작했다. 그의 방랑은 평양을 거쳐 만주까지, 관서와 관동, 호남을 거쳐 한반도 전역에서 이루어졌다.

그는 관서지방을 돌고 나서 23세에 「유관서록遊關西錄」을 냈고, 그 후 금강산, 오대산, 설악산 등 관동지방을 돌고 난 후 26세에 「유관동록遊關東錄」을 썼다. 물론 그 이후에도 그의 방랑은 끝나지 않고 호남으로 이어졌는데, 그 후 「유호남록遊湖南錄」을 남겼다.

철원의 동쪽 끝자락, 화천과의 경계를 첩첩이 막아서는 대성산, 복주산 사이로 해발 1,057m의 '복계산'이 있다. 이 산기슭 해발 595m 산정에 깎아 세운 듯 우뚝 선 40m 높이의 층암절벽이 있다. 이곳이 바로, 조선 초기 방랑 시인으로 유명한 김시습의 호인 '매월당'과 동일한 이름을 가진 '매월대'다.

이 층암절벽의 원래 이름은 '선암仙岩'이었다고 한다. 하지만 김시습이 이곳에 은거를 한 이후, 이곳에 얽힌 오랜 전설과 함께 '매월대'로 불려지게 되었다. 이곳 매월대에는 김시습과 여덟 명의 의사義士들이 층암절벽에 바둑판을 새기고 바둑을 두었다는 전설이 전해지고 있으며, 그 맞은편 산기슭에는 울창한 숲 사이로 청량하게 쏟아져 내리는 '매월대폭포'가 있다. 이 또한 본래 이름은 '선암폭포'였다. 하지만 김시습의 은거 이후, 이곳의 이름들은 '매월약수', '매월동', '매월대폭포' 등으로 바뀌게 되었다.

그의 호, '매월'은 매화의 '매梅'와 달 '월月'을 합쳐 만든 글자이다. 매화는 지조를 상징하는 꽃이며, 달은 눈부시게 빛나는 해와 달리 밤을 비춘다. 그는 「제금오신화」 즉, '금오신화를 지으면서'라는 시에서 "작은 집 푸른 담요에 따뜻함이 넘치는데, 달이 밝아 오니 매화 그림자가 창을 가득 채우네矮屋靑氈暖有餘 滿窓梅影月明初"라고 읊었다.

매월은 바로 이 시에서 온 것이다. 달빛을 받아 창문 사이로 비추는 매화의 그림자는 깊은 밤 달빛 속에 홀로 깨어 있어 은은하게 향기를 내뿜는 매화의 고독한 지조를 보여주고 있다.

아마도 이곳, 매월대폭포 앞에서도 세상의 불의와 타협할 수 없었던 불운한 천재는 잠들지 못했을 것이다. 어쩌면 어느 날 밤, 그는 이곳에서 매월대폭포를 보며 마음을 여는 폭포라는 의미를 가지고 있는 「개심폭포」 한 수를 읊조렸을 것이다.

> "한줄기 은하수가 구천에서 떨어지는 듯, 구름이 되어 달을 머금고 소나무 숲에 드리웠구나. 깊은 밤에 깃든 것은 산속의 고요뿐인데, 허공 중에 흩뿌리는 새벽 비에 잠 들 수가 없구나(一道銀河落九天 和雲漱月檜松邊 夜深最愛山中靜 晴雨灑空人未眠)."

오늘밤에도 김시습처럼 몸을 뒤척이는 사람들이 있다. 그들의 몸과 마음을 다치게 하는 것은 세상의 탐욕과 권력이다. 권력은 무자비하다. 하지만 오욕의 역사 앞에서 스스로 목숨을 끊는 것은 불의한 세상과의 싸움을 단박에 끝내는 최종 행위일지도 모른다. 살아남되 자신의 절개를 지켜가기란 얼마나 무거운 일일까? 그래서 사람들은 절개는 무겁고 목숨은 가볍다고 말한다. 목숨을 버리지 않고 절개를 지키는 것은 고통의 삶을 선택하는 것이며 그 스스로 고난을 감내하는 것이리라.

그렇기에 살아남아서 그 고통을 이겨내는 것, 그 스스로 고난을 감내하며 삶의 고통을 안으로 삼키는 것은 삶을 더욱 강하게 단련시키는 것이자 삶 그 자체를 예술적으로 완성해 가는 최고의 행위인지도 모른다. 김시습은 악착같이 살아남았고, 세상을 비우며 남은 사십 평생을 떠돌아다녔다. 하지만 그게 쉬웠겠는가? 매일 밤, 저 깊은 곳에서 화가 솟구쳐 오를 때면 그 또한 이곳을 찾아 폭포처럼 펑펑 울었을 것이다.

그 비통하고 애잔한 울음은 세차게 쏟아져 내리는 폭포수의 맑은 물소리와 나무숲 사이로 안개가 되어 흩어지는 물보라와 함께 그의 화를 달래고, 상처받은 영혼을 어루만지며 그에게 다시 살아갈 생명의 활기를 불러일으키지 않았을까? 매월대폭포는 '그렇다'라고 대답하는 것만 같았다.

매월대폭포

진경산수화

겸재 정선을 떠올리면 자연스럽게 함께 하는 것이 '진경산수화眞景山水畵'다. 진경산수화는 말 그대로 실제 자연경관을 수묵화로 그려내는 방법이다. 그런데 이 '진경'은 반드시 실제 자연경관만을 의미하는 것은 아니다. 겸재의 진경산수화는 눈에 보이는 대로 그리는 실경산수화가 아니다. 진경이란 '실재하는 경치'라는 의미도 있지만, '진짜 경치, 참된 경치'라는 의미도 있다. 거기에는 곧 겸재가 속했던 조선 사대부, 그중에서도 서인·노론 집권세력의 성리학적 이상향인 '선경仙景'의 의미가 내포돼 있다.

진경산수화는 조선 후기의 새로운 사회적 변동과 의식의 변모를 배경으로 유행하였다. 특히 종래 옛것을 답습하려는 문학적 흐름의 형식화와 그 표현의 상투화에 대한 반성에서 당대의 현실을 통하여 이상을 찾으며, 가치를 재인식하고자 했던 당시의 사상적 동향과 밀접한 관련이 있다. 우리의 산천을 주자학적 자연관과 접목시키고자 했던 문인 사대부들의 자연 친화적 풍류 의식의 확산에 의한 유람 풍조의 성행과 주자학의 조선화朝鮮化에 따른 문화적 고유색의 만연 및 자주의식의 팽배 등도 진경산수화의 발전에 중요한 요인으로 작용하였다.

이러한 조류의 이념적 성향을 이끈 세력은 당시 집권층이었던 노론 문인 사대부들과 남인 실학파들이었다. 실경의 소재는 조선 초기·중기와 마찬가지로 명승명소名勝名所·별서 유거別墅幽居·야외 아집野外雅集류가 주류를 이루었다. 그중에서도 특히 금강산과 관동 지방, 서울 근교 일대의 경관이 가장 많이 다루어졌다.

중요한 것은 진경산수화의 산수 묘사가 조선 사대부들이 이상적 모델로 간주해온 중국 문인들의 전통적인 수묵화 기법과 결별했다는 점이다. 진경산수화는 중국의 관념산수화를 모방한 것이 아니라 눈앞에 실재하는 조선 산수를 실제 모습에 가깝게 그렸다는 점에서 획기적인 것이었다. 눈에 보이는 대로 그리지 않고 과장, 생략, 압축, 부감, 시점 이동, 조합 등을 통해 대상을 변형하되 묘사의 디테일은 중국 관념산수화의 그것이 아니라 조선의 실제 풍경에 가까운 조선적인 특색을 새롭게 창출했던 것이다. 그것이 바로 '진경'이었다.

　진경산수화의 대표주자인 겸재가 그린 진경 작품의 현장을 답사하면 과연 실제로 그곳을 보았을까 의심이 들 정도로 닮게 그린 예가 거의 없다. 겸재의 대표작들인 「금강전도」나 「박연폭」은 실재하는 금강산이나 개성의 박연폭포와 매우 다르다. 「삼부연」과 「화적연」 등도 마찬가지이다. 겸재가 그린 많은 금강산 그림들은 현실의 금강산의 어느 측면을 부각하기 위해 그 부분을 과장하거나 조감도처럼 내려다보기도 한다.

　이러한 겸재의 표현방식은 진경이라는 말과는 전혀 다른 것으로 보일 수 있다. 하지만 그가 중요하게 여겼던 것은 실제에 가깝게 그리면서도 그중에서 특징이 되는 부분을 강조하는 것이었다. '참된 경치'를 바랐던 사대부의 간절함일까, 아름다움을 더욱 강조하고자 하는 욕심일까? 다만 우리가 알 수 있는 것은 사실에 가깝게 묘사하는 것도, 특정부분을 강조하는 것도 자연의 아름다움을 담아서 전달하기에 어렵다는 점이다. 어떠한 방법으로도 자연을 전달할 수 없었기 때문에 여러 방법을 사용해가며 '진경'을 그려내고자 한 것이라고 볼 수도 있겠다.

12 ——————

미륵불이 되고자 했던
궁예의 꿈과
분단의 상처

과거부터 지금까지 철원의 요충지, 동주산성

왕궁의 진산(鎭山)이 되지 못한 산, 금학산

지명에 남은 궁예의 자취, 천황지

민중이 꿈꾸었던 미륵정토의 꿈, 도피안사

태봉국의 2인자 왕건의 집터, 철원향교지

군사분계선이 지나는 오래된 미래, 태봉국 도성 터

_____ 한반도의 중부지역은 산악지형이 상당히 발달해 있다. 이런 중부지역에서도 드물게 넓디 넓은 평야가 있는데 바로 철원평야다. 이 철원평야를 감싸고 있는 산들은 '철원鐵原'이란 이름처럼 마치 쇠 울타리를 두른 듯 철원을 보호하는 방어막이 된다. 이렇게 넓고 안락한 평야를 품고 있으며 동시에 여러 산이 둘러 보호해주는 이 땅은 모두가 '함께 살기'에 더없이 좋은 자연의 선물과도 같다.

_____ 1,100년 전, 새로운 세상을 만들고자 이 기름진 땅에 터전을 마련하고 그 커다란 꿈을 실현하기 위해 애썼던 사람이 있었다. 바로 901년 송악에서 '후고구려'를 건국했던 궁예弓裔(?-918)다. 그는 905년 7월 후고구려의 수도를 철원으로 천도하면서 국호를 '태봉泰封'이라 선포하고 자신이 현세에 내려온 '미륵불彌勒佛'임을 널리 알렸다.

_____ 태봉국은 철원 DMZ 한가운데 '태봉국 도성 터'와 함께 짧았던 18년의 흥망성쇠의 흔적을 남겼다. 한때 태봉국이었던 철원 땅 곳곳에는 새로운 세상을 꿈꾸었던 궁예의 자취가 어려 있다. 짧은 시간이었지만 궁예는 여기서 가장 화려했던 전성기를 보냈고, 이내 잔인한 몰락을 겪었다. 그 과정에서 그가 느꼈을 법한 감정이나, 몰락하는 그를 바라보면서 철원 사람들이 느꼈을 애잔한 정서들이 이 땅에 전설처럼 퍼져 있는 것이다.

과거부터 지금까지 철원의 요충지,
동주산성

궁예가 철원에 도읍을 정하려고 할 때, 송악을 떠난 후 7일이 채 지나기 전에 '동주산성東州山城'에 입성했다고 한다. '동주'라는 이름은 고려의 왕도 개성 동쪽에 있다 하여 붙여진 철원의 옛 이름이다. 지금도 철원평야를 굽어보고 있는 동주산성은 그 동서남북이 각각 김화, 금천, 연천, 평강으로 나누어지는 길목에 위치하고 있어 교통이나 군사적 측면에서 요충지였다.

수도국지에서 새우젓고개를 넘는 방향으로 가다보면 고갯마루쯤에서 왼편으로 산을 오르는 길이 보인다. 바로 동주산성 터로 오르는 길이다. 동주산성 터로 오르는 길은 생각보다 가파르다. 지금은 성벽 일부만 남아있는 동주산성 터에서 삼국시대 및 통일신라시대의 유물이 다량 발견된 것으로 보아 이 산성은 삼국시대에 축조되었으며, 몽골의 침입 이후 폐허가 된 것으로 추정된다.

동주산성 터에서 내려다 본 철원평야

정상 근처에는 성벽 일부와 함께 전망대 시설이 설치되어 있다. 동주산성 터에서 내려다보면, 철원의 지리적 이점을 한 눈에 확인할 수 있다. 아마 궁예도 애초에 궁성 터로 삼으려 했다는 '천황지天皇地'와, 지금의 '철원향교' 자리와 '도피안사到彼岸寺'가 가까이 보이는 이곳 동주산성에 올라서서 태봉국의 미래를 구상했을 것이다.

왕궁의 진산(鎭山)이 되지 못한 산,
금학산

901년 궁예는 송악, 지금의 개성에서 철원으로 도읍을 옮길 준비를 하면서, 당시 음양풍수의 대가로 알려진 도선국사道詵國師(827~898)에게 도성을 세울 곳이 어디인지 물었다. 그러자 도선국사는 금학산金鶴山을 천거하면서 이 산 아래에 도읍을 정하면 300년 동안 갈 것이요, 그렇지 않으면 25년밖에 가지 못할 것이라 말했다고 전해진다.

하지만 궁예는 금학산에서 23km 가량 북쪽에 위치한 '고암산高巖山'을 '진산鎭山'으로 삼아 왕궁을 조성했다. 진산은 크게는 한 나라, 작게는 고을에서 난리가 나지 않게 막아주는 큰 산을 말한다. 금학산을 진산으로 삼아야 한다는 도선국사의 조언을 궁예가 무시한 것이다. 전하는 이야기에 따르면, 궁예가 고암산 아래를 수도로 정한 후 금학산의 나무들이 너무나 원통해 3년 동안 잎을 피우지 않았고, 금학산에서 나는 곰취는 써서 먹을 수 없게 되었다고 한다. 아마도 철원을 수도로 삼았지만 매우 짧았던 태봉국의 운명을 안타깝게 여긴 철원 사람들의 아쉬움이 만들어낸 이야기일 것이다.

금학산은 이름 그대로 학이 막 내려앉은 듯 신령스러운 산세를 취하고 있으며, 철원의 서쪽에서 철원평야를 둘러싸고 길게 누워 있는 모양새다. 겉으로 보기에는 부드럽고 웅장하지만 그 높이가 보여주듯이 금학산은 매바위능선, 큰바위능선, 용바위 등 기암괴석들이 이어져 있어 오르기가 쉽지 않다. 산의 정상인 기봉(깃대봉) 부근에는 기우제 터가 남아 있고, 남이 장군(1441~1468)이 사랑했던 말인 '용마龍馬'가 나온 곳이라는 '용탕'도 있다.

　　사실 궁예가 금학산이 아닌 고암산 아래에 도성을 세우기로 한 이유는 따로 있었다. 궁예가 처음 송악에서 개국한 후 철원으로 천도한 이유는 송악을 중심으로 세력을 규합한 왕건과 같은 지역 토호들을 견제하려는 의도가 컸기 때문이다. 아마도 금학산과 관련된 전설은 궁예의 최측근이었던 왕건의 고려 개국을 정당화하기 위해 후대에 만들어진 것으로 보인다. 어쨌든 이 한반도 중부의 넓은 터전에서 신라 왕족의 후예로 알려진 궁예가 새로운 미래를 설계했다는 점만은 분명한 사실이다.

지명에 남은 궁예의 자취,
천황지

　　철원 향토사학자들의 설명에 따르면, 군대를 이끌고 들어온 궁예는 동주산성에서 내려다보이는 현재의 철원읍 화지4리에 머물렀던 것으로 보인다. 물론 지금 이곳에는 궁예의 당시 행적을 증명하는 유적이 남아 있지 않다. 하지만 이곳의 과거 지명은 그의 행적을 짐작하게 만든다.

　　'화지리花地里'라는 지명은 1914년 행정구역이 통폐합되는 과정에서 기존의 명칭이었던 '화전리花田里'와 '천황지리天皇地里'를 합쳐 만들어진 이름이다. '천황지'라는 명칭은 이 땅이 바로 하늘이 낸 황제, 즉 '천황'이 거주하는 곳이었다는 의미를 담고 있다.

하지만 다른 설도 있다. 이곳에 '천황사'라는 절이 있어서 이곳을 '천황지리'라 불렀다는 것이다. 그럼에도 이곳의 향토사학자들을 비롯한 철원 사람들은 궁예가 철원에 처음 들어와 정착한 곳이 바로 여기라고 믿고 있다. 예로부터 철원 사람들은 궁예를 『고려사』가 기록하는 패악한 군주가 아니라 하늘이 낸 황제로 여겨왔기 때문이다.

민중이 꿈꾸었던 미륵정토의 꿈,
도피안사

천황지로 들어와 군영을 꾸린 뒤 궁예는 아마도 금학산을 배경으로 한 철원 평야에서 '미륵의 세상'을 꿈꾸었을 것이다. 당시는 신라 말기의 권력투쟁과 지역 토호들의 발호로 민심이 혼탁했던 시절이었다. 끊이지 않는 전쟁과 지배층의 수탈에 지친 민중들은 자신들을 구원할 '메시아'를 소망하였고, '미륵신앙'은 이에 부합하는 믿음이 되었다. 미륵신앙은 석가모니의 열반 이후 56억7,000만 년이 흐른 뒤, 도솔천의 미륵보살이 중생을 구제하러 이 땅에 와서 꽃과 향이 만발하고 지혜, 위덕, 기쁨이 가득한 세상을 연다는 믿음이다.

궁예가 살던 당시의 세상은 너무나 혼란스러웠다. 죽음의 그림자가 늘 사람들을 따라 다니던 시대였다. 이러한 시대적 조건 속에서 미륵불의 재림은 시대의 간절한 소망이 되기에 충분했다. 그러나 '56억7,000만 년'이라는, 지금 들어도 천문학적인 숫자는 민중에게는 더더욱 가혹하도록 긴 시간이었다.

궁예 또한 그런 세상에서 민중의 참혹한 고난을 보며 백성들이 평화롭게 살아가는 세상을 꿈꾸었을 것이다. 어쩌면 궁예가 미륵불의 현신을 자처한 것은 그 당시 혼란했던 세상사에 지친 사람들의 염원이 모아져서 만들어진 결과일지도 모른다. 지금도 철원에는 그 염원이 하나의 이름에 남아 있다. '도피안사到彼岸寺'다.

도피안사는 신라 말과 고려 초에 유행했던 '비보사탑사상裨補寺塔思想'에 의한 '비보사찰' 중 하나다. 도선국사의 비보사탑사상은 사탑(사찰과 탑)을 지어 비보(부족한 부분을 보충)한다는 것으로 즉, 사찰과 탑을 통해서 땅의 부족한 기운을 보완한다는 것이다. 도선국사가 보기에 도피안사가 위치한 '화개산花開山'은 물 위에 피어나는 연꽃처럼 유약한 형상을 하고 있어서 외적의 침입을 막기엔 약해 보였다. 그래서 이를 보완하고자 1,500명과 함께 조성한 사찰이 바로 도피안사다. '피안의 세계에 이르다'는 뜻을 담고 있으니, 곧 깨달음의 세계에 머무른다는 의미다.

그 이름에 걸맞게 산사는 고즈넉하고 아담하다. 산사 마당에는 보물 제223호로 지정된 3층 석탑이 있고, 본당에는 높이 91cm의 국보 제63호인 '철조비로자나불鐵造毘盧遮那佛坐像'이 모셔져 있다. 비로자나불은 오른손으로 왼손 검지를 감싸 쥔

도피안사로 가는 길

'지권인智拳印'이라는 수인을 취하고 있다. 지권인은 이치와 지혜, 중생과 부처, 미혹함과 깨달음이 본래 하나라는 의미를 표현한다. 하지만 이보다 더 중요한 것은 불에 쉽게 타지 않는 '철조비로자나불'을 세운 사람들이 어떤 마음에서 사찰을 세웠는지를 직접 남겨 놓았다는 점이다. 그들은 불상 등 뒤에 이렇게 기록을 남겼다.

"석가불께서 … 삼천대천세계에 빛을 비추지 않고 돌아가신 지 1806년이 되었다. 이를 슬퍼하여 이 금상을 만들고자 … 서원(誓願)을 세웠다. 오직 바라건대 비천한 사람들이 마침내 창과 방망이를 스스로 쳐 긴 어둠에서 깨쳐날 것이며 게으르고 추한 뜻을 바꾸어 진리의 근원에 부합하며 바라건대 …. 당나라 함통(咸通) 6년(865) 을유년 정월 일에 … 거사(居士)를 찾아 1,500여 명이 인연을 맺으니 금석(金石)과 같은 굳은 마음으로 부지런히 힘써 힘든 줄 몰랐다."

—
도피안사

불상에 새겨진 명문에서 보듯이 그들은 통일신라 말기의 혼탁한 세상을 구제할 '미륵'을 바라고 기다리는 마음을 담아 이 사찰을 조성했다. 그런 민중의 마음이 담겨져 있기 때문일까? 도피안사에는 비로자나불과 관련해 독특한 전설이 전해진다. 원래 도선국사는 이 불상을 '안양사安養寺'에 봉안할 예정이었다. 하지만 암소를 끌고 옮겨가다가 지금의 화지리인 천황지 뒤쪽 암소고개에서 잠시 쉬고 있는데, 불상이 사라지는 변고가 생겼다고 한다. 사람들이 일대를 샅샅이 뒤졌고, 현재의 도피안사가 세워진 곳에서 불상을 발견하였다. 그래서 그 자리에 절을 짓고 그 이름을 '철조비로자나불이 영원한 안식처인 피안에 이르렀다'는 의미에서 '도피안사'라 지었다고 한다.

태봉국의 2인자 왕건의 집터,
철원향교지

도피안사가 보여주듯이 당시 철원은 미륵사상을 신봉했던 대표적인 지역이었다. 하지만 궁예가 너무 일찍 온 것일까? 아니면 감히 인간이 꿈꿀 수 없는 경지를 참칭僭稱했던 것일까? 미륵의 현신이라는 궁예가 가지고 있었다는 신비한 능력, 즉 사람들의 마음을 꿰뚫어 본다는 '관심법觀心法'은 그 스스로를 몰락시키는 '독약'이 되었다. 결국 모여든 인재들은 태봉을 떠났고, 궁예는 총애하는 부하인 왕건에게 패주한 왕이 되었다.

도피안사에서 나오면 바로 보이는 맞은편 왼쪽 산자락 아래는 왕건의 집터로 추정되는 곳이 있다. '철원향교지'라고 알려진 이곳이 왕건의 집터였을 것으로 추정하는 이유는 "철원향교가 도호부 남쪽 3리 떨어진 곳에 있는데, 본래 고려 태조가 궁예에게 벼슬하고 있을 때 살던 옛집"이라는 『신증동국여지승람新增東國輿地

흔적도 남지 않은 철원향교지

『勝覽』의 기록과 "고려조의 고택이 지금은 향교가 되다麗祖故宅今爲鄕校"라는 시가 실린 이민구의 『동주집東州集』에 근거하고 있다. 그러나 지금 그곳엔 어떤 흔적도 남아 있지 않다.

현재 철원향교지에서는 왕건의 집터라는 흔적은 찾을 수 없고 잡초만이 우거져 있다. 여기가 왕건의 집터였을 뿐만 아니라 철원향교였다는 사실을 차마 짐작하기 어려울 정도다. 이전 향교 건물은 일제강점기를 거치면서 보육원이 되었다가 한국전쟁 때 완전히 소실되었다. 그 후 이곳은 월하초등학교 부속시설 용지로 사용되다가, 지금은 언젠가 있을 유적지 조사를 위해 시·도기념물 제87호 철원향교지로 지정돼 보호받고 있다.

그럼에도 이곳 사람들은 '월하月下'라는 지명에 주목한다. 궁예의 역린逆鱗을 거스르지 않기 위해 왕건이 자신을 '달'로 자처하면서, 그의 사저가 있는 마을을 '월하리'로 불렀다는 전설을 근거로, 이곳이 왕건의 집터라고 굳게 믿고 있다.

군사분계선이 지나는 오래된 미래,
태봉국 도성 터

어쩌면 철원에 전해지는 궁예와 관련된 이야기들은 한반도 역사에서 홀연히 사라진 후삼국 시대의 어느 왕국에 대한 철원 사람들의 향수에서 비롯된 것인지 모른다. 하지만 '철원평화전망대'에서 내려다보이는 '궁예도성 터'는 철원 사람들이 가진 향수가 단순히 옛이야기나 오래된 전설이 아닌, 언제든 복원될 수 있는 것임을 보여주고 있다. 전쟁 이후 70여 년 가까운 시간 동안 켜켜이 우거진 수풀이 점령한 궁예도성 터는 이미 사라진 '오래된' 것이자 분단을 넘어서는 '미래'에 되살아날 수 있는 '오래된 미래'다.

평화전망대 바로 옆에 설치된 '태봉도성 복원모형'은 궁예가 꿈꾸었던 왕국의 웅장한 풍모를 가늠하게 한다. 그는 천년왕조 신라처럼 태봉국도 천년 사직을 이어가길 바랐을 것이다. 그러나 비극적 영웅 궁예와 운명을 같이한 태봉국은 '승자들이 쓴 역사'에 의해 너무나 무참히 잊혀졌다. 오랜 시간 견고함을 자랑할 것으로 생각했던 태봉국 도성의 성벽은 겨우 10여 년을 지탱했을 뿐이다.

기존에 '궁예도성'으로 불리던 도성 터는 2005년 공식적으로 철원군에 의해서 '태봉국 도성'으로 정정되었다. 하지만 도성의 규모나 현재 상태에 대한 구체적인 정보는 아직 알 수 없다. 남북을 동서로 가르는 휴전선이 정확하게 태봉국 도성 터를 대각선으로 가로질러 세워져 있기 때문이다.

일제강점기에 찍은 사진엔 거대한 궁터와 부도 등 그 흔적이 많이 남아있었는데, 한국전쟁 당시 유적이 얼마나 파괴되었는지는 제대로 알 수 없다. 본격적인 남북공동 조사가 진행되면 태봉국 도성 터에서 남북의 연구자들이 함께 발굴을 진행할 수 있을 것으로 예상할 뿐이다. 이런 한계에도 불구하고 2010년 국립중앙박물관 역사부는 DMZ 안에 있는 태봉국 도성에 대한 자료들을 모아 『철원 태

태봉국 도성 터

봉국 도성 조사 자료집』을 발간했다. 현지 조사와 일제강점기 자료를 모아 펴낸 이 자료집에 기록된 도성은 중국의 장안성과 유사하게 남북으로 길게 늘어선 장 방형의 성벽을 갖춘 왕궁이었다. 이런 궁성은 전북 익산의 왕궁리王宮里나 평양의 안학궁安鶴宮에서 이미 조사된 바가 있다. 이런 자료들을 바탕으로 추정된 도성의 크기는 외성의 둘레가 약 12,306m, 내성의 둘레가 약 7,656m이었다.

철책선이 가로지르는 도성 터를 바라보면 궁예가 태봉국 도성의 진산으로 삼 았다는 북쪽의 고암산이 보인다. 오늘날 남쪽에서는 이 산을 '김일성고지'라고 부 른다. 한국전쟁 당시 '철의 삼각지'를 놓고 치열하게 싸울 때, 김일성이 직접 내려 와서 머물렀다고 해서 붙여진 이름이다. 분단과 전쟁으로 얼룩진 한국 현대사가 덧씌워져 방치된 태봉국 도성 터의 기구한 운명은 미륵의 세계를 꿈꾸다 스러져 간 궁예의 운명과도 닮아 보인다.

하지만 태봉국의 도성은 현대의 발달된 복원 기술을 통해 그 '진실한' 모습이 드러날 날을 기다리고 있다. 태봉국의 진면모가 드러나는 그 날은 남북을 가로지

태봉국 도성도 복원모형

르는 적대의 경계선이 걷어지는 날이며, 궁예의 꿈이 되살아나는 날이 될 것이다. 그리고 그날은 분단의 상처를 치유하는 첫걸음을 시작하는 날이 될 것이다.

철조비로자나불상

철원의 도피안사에 모셔진 철조비로자나불상은 대한민국 국보 제63호로 지정된 유물이다. 공식 명칭은 '철원 도피안사 철조비로자나불좌상'이다. 기록에 따르면 도피안사가 신라 경문왕 5년(865년)에 창건되었고, 도선국사가 이 불상을 만들어 철원 안양사에 모시려 했으나 운반 도중 불상이 없어져 찾으니 도피안사 자리에 앉아 있었기에 그 자리에 도피안사를 건립하였다고 한다. 기록의 내용을 참고한다면, 불상은 신라 말기에 제작된 것이 분명해 보인다.

신라 말에서 고려 초까지의 시기에는 철로 만든 불상이 크게 유행했다. 장흥 보림사의 철조비로자나불좌상이나 대구 동화사 비로암 석조비로자나불좌상도 그런 유행의 산물로 본다. 불상을 받치고 있는 대좌臺座까지도 철로 만들어진 점이 특이하다. 또한 광배光背(불교의 부처 머리 위에 있는 빛을 띠는 둥근 빛무리 혹은 등 쪽에서 나오는 빛 자체를 가리킴)가 없는 점 또한 독특하다. 2007년경 불상을 덮고 있는 개금층을 걷어내고 본래 철불의 모습을 되찾았는데, 이때 철불의 친근한 미소가 더 잘 드러났다고 한다. 또한 철불의 양 귓불이 소실된 상태라는 것도 밝혀졌다. 철불이 앉아 있던 자리 아래에는 광배를 꽂던 기다란 직사각형 모양의 구멍도 확인되었다.

철불이 취하고 있는 손 모양은 비로자나불을 나타내는 수인手印이다. 비로자나불은 산스크리트어로 바이로차나(vairocana)를 음역한 것이다. 그 뜻은 '두루 빛을 비추는 존재'라는 뜻이라 한다. 즉 보통 사람의 육안으로는 볼 수 없는 광명의 부처를 말한다. 한자로는 법신불法身佛이라 한다. 법신은 부처의 세 가지 몸 중 하나로서 진리 그 자체에 해당하며, 우주 전체를 총괄하는 부처다. 광명의 부처인 비

철원 도피안사 철조비로자나불(ⓒ 강원도청/한국문화정보원)

로자나불은 빛과 같이 세계 어느 곳이든 가득 채우고 있어 맑은 마음을 가진 사람들은 때와 장소를 가리지 않고 어디서든 비로자나불을 만날 수 있다.

비로자나불의 수인을 지권인智拳印이라 한다. 일반적인 불상의 수인은 양손이 각각 다른 모양을 하고 있는 데 반해 비로자나불의 수인은 양손이 하나가 되어 모양을 만든다. 이 수인은 양 손이 하나가 되듯이 중생과 부처, 미혹함과 깨달음이 모두 하나라는 의미를 지니고 있다. 도피안사 철보비로자나불상의 등에 새겨진 '신자 1,500여 명의 마음을 모아 만들었다'라는 명문 내용과 비로자나불의 수인은 불상이 만들어지던 당시와 현재를 사는 우리의 미래를 생각하게 한다. 1,500여 명 중에는 귀족도 있었을 것이고, 서민도 있었을 것이다. 그들의 마음이 하나가 된 것처럼 분단의 현재를 살아가는 우리도 상생이라는 같은 목표를 가질 때, 하나가 될 수 있을 것이라는 기대를 하게 만든다. 비로자나불의 하나로 모아진 수인처럼 말이다.

13

분단이 만든
금기의 땅에 깃든
패주 궁예의 한

| 태봉국 도성 터 – 보가산성지 – 명성산 – 군탄리

궁예의 흥망이 함께 하다, 태봉국 도성 터
궁예가 최후의 격전에 나선 곳, 보가산성지
산천초목이 같이 울다, 명성산
나를 따르지 마라, 군탄리
궁예가 잠들어 신이 된 곳, 삼방협
궁예의 삶, 그 길 위에서 평화가 시작되다

_____ '한탄강漢灘江'이라는 이름은 '은하수 한漢'과 '여울 탄灘'이 보여 주듯이 '은하수 같은 여울'을 뜻한다. 하지만 오늘날 사람들은 '한탄강'이라는 이름에서 은하수처럼 '크고 맑은 여울'을 떠올리기 보다는 '한恨'이 깊어 '탄歎'식 한다는 의미에서 '한탄강恨歎江'을 떠올리는 경우도 많다. 아마 철원이 한 국전쟁 당시 매우 치열했던 전쟁터였을 뿐만 아니라 그 이후에도 철원군 자체가 분단된 지역으로 남았 기 때문일 것이다.

_____ 하지만 철원 사람들에게 철원의 한탄강이 '한이 사무친 탄식의 강'으로 느껴지는 것은 비 단 분단 때문만은 아니다. 철원은 한반도의 중심에 위치하기 때문에 역사적으로 한반도의 패권을 놓고 다투는 핵심지역이었다. 하지만 아이러니하게도 철원은 언제나 패권을 장악한 중앙권력에서 배제된 변경 즉, 변두리로 남았다. 하지만 궁예弓裔(?~918)는 이곳 철원을 수도로 삼아 미륵불의 '정토淨土' 세 상을 만들고자 했다. 따라서 철원 사람들에게 철원을 중심에 두었던 왕국인 태봉국泰封國(905~918)의 왕 궁예에 대한 기억은 그 실패에 대한 아쉬움과 함께 '한'과 '탄식'으로 이어져 기억될 수밖에 없다.

_____ 지금도 철원 사람들은 해마다 태봉문화제를 개최하고 있다. 전체 군민이 참여하는 태봉문 화제는 민관이 모두 태봉국의 역사를 철원의 자랑으로 삼고 있음을 보여 주고 있다.

_____ 그러나 철원에서 궁예를 이렇게 대우하는 것과 달리 대한 세간의 궁예 평가는 그리 좋지 않다. 신라 말, 궁예는 혼란스러운 정국에서 새로운 세상을 건설하고자 일어서 국가창업에 성공했다. 하지만 점차 절대 권력의 화신이 되어 자신을 파괴했던 그를 두고, 사람들은 민생을 돌보지 않은 실패 한 군주이자 패주한 왕으로 간주한다. 미리 말하자면, 그 이유는 역사가 승자의 기록이기 때문이다.

_____ 궁예라는 이름은 '활 궁弓'과 '후예 예裔'에서 따온 것이다. 이름에서 보듯이 궁예는 활을 잘 쏘는 민족인 고구려의 후예를 자처하며 후고구려를 세웠다. 훗날 '고려'를 개국한 왕건은 궁예의 부하 장 수이자 2인자였다. 하지만 왕건은 후고구려의 창업 군주이자 태봉국의 왕이었던 궁예에 반기를 들고 그 를 권좌에서 끌어내렸다. 따라서 고려의 창업 군주 왕건은 과거의 군주에 맞서 반란을 일으킨 사람이었기 에, 자신의 행동을 정당화하기 위해서는 궁예의 패악을 더 과장되게 묘사해야만 했을 것이다.

_____ 역사의 진실과 무관하게 궁예의 몰락과 왕건의 성공은 지리적으로 보았을 때, 철원을 수도 로 한 태봉국의 몰락이자 개성을 수도로 한 고려의 성공과 부상浮上을 의미했다. 철원을 도읍으로 정한 궁 예는 이곳에서 태봉국을 열고 왕궁을 건설했다. 그리고 이곳에서 왕건에게 쫓겨 '패주'했다. 그래서일까, 철원과 인근의 포천일대에는 패주한 궁예와 관련된 애잔한 전설들이 많이 남아 있다.

궁예의 흥망이 함께 하다,
태봉국 도성 터

철원에는 유난히도 곰보처럼 구멍이 뚫린 돌들이 많다. 제주도처럼 이곳도 화산폭발로 용암이 흘러내려 대지를 덮었기 때문이다. 휴전선이 가운데를 지나가는 태봉국 도성 터가 있는 곳은 화산이 폭발한 오리산으로부터 10km도 되지 않은 '풍천원楓川原'이라는 곳이다.

지금 이곳에는 궁예가 물을 마셨다는 어수정과 왕궁 터만 있을 뿐이다. 궁예는 길이가 총 16km나 되는 거대한 이 도성을 단 1년 만에 건설했다. 강도가 약한 현무암들이 주변에 많았기 때문에 가능했다. 그러나 그런 곰보 돌은 이후 궁예의 몰락과 더불어 비극적 서사의 소재가 되었다.

전해지는 이야기에서는 이미 대세가 기울고 왕건이 궁예성을 포위한 상황에서도 궁예가 투항하지 않고 '저 돌에 좀이 쏠면 모를까, 나는 망하지 않는다'라고 했다. 그러자 궁궐 안팎의 크고 작은 돌들이 갑자기 좀이 쓴 옷처럼 뻥뻥 구멍이 뚫리면서 돌가루를 쏟아냈다. 그런데도 궁예는 투항하지 않고 다시 '돌 따위는 필요 없어. 나는 망하지 않는다. 까마귀 머리가 하얗게 세면 모를까'라고 말했다고 한다. 그러자 머리가 하얀 까마귀 떼가 하늘을 뒤덮었다. 그때야 궁예는 자신의 때가 끝났다는 것을 깨닫고 도망쳤다.

곰보 돌과 함께 궁예의 몰락을 보여준 까마귀는 그가 왕이 되는 운명을 확신하게 되는 이야기에서도 등장한다. 『삼국사기』에는 궁예가 제사를 지내러 가는 길에 까마귀가 점을 치는 산算가지를 물고 와서 궁예의 바리때(승려가 사용하는 밥그릇)에 떨어뜨렸다고 한다. 그런데 그 산가지가 떨어져 이루는 모양이 '왕王자'였기에 훗날 왕이 될 것으로 믿었다고 기록되어 있다.

궁예는 고구려 계승을 자처하며 후고구려를 건설했다. 까마귀는 고려의 국가

태봉국 도성 터 복원모형

상징인 '삼족오'로, 고구려의 새다. 궁예의 건국과 망국을 전하는 이야기에 등장하는 까마귀의 존재는 고구려를 잇고자 했던 궁예의 꿈을 보여주는 것만 같다.

궁예는 사실 이곳 철원이 아니라 강원도의 동쪽지역, 영월과 평창, 강릉 등에서 성장하여 중원으로 그 세력을 넓혔던 인물이다. 896년 그는 개성의 왕건 일파를 자신의 세력권 안에 넣고 898년에는 지금의 개성인 송악에 도읍을 정하였다. 그리고 옛 고구려의 계승을 자처하며 901년 국호를 마진摩震, 연호를 무태武泰라고 정했다.

궁예는 905년에 다시 도읍을 송악에서 철원으로 옮겼고, 911년에 연호를 수덕만세水德萬歲, 국호를 태봉泰封이라고 고쳤다. 이것은 아마도 왕건으로 대표되는 개성세력을 견제하기 위한 궁예의 정치적 승부수였을 것이다. 그럼에도 불구하고 결국 역사의 승자가 된 것은 개성의 왕건이었다. 철원에서 왕건은 궁예의 2인자였다. 왕건이 세운 고려는 지난날 자신이 모시던 군주를 몰아내고 권력을 탈취한 세력이 세운 나라였다. 그래서 승자가 서술하는 역사에서 궁예는 부덕하고 패륜적인 군주가 되어야만 했다. 『고려사』는 이 반란의 전모를 다음과 같이 서술하고 있다.

"여러 장수들이 태조(왕건)를 옹위하고 문을 나섰다. 기다리던 사람들이 1만여 명에 달했다. 왕(궁예)은 '나의 일은 끝났구나' 하며 미복으로 갈아입고 암곡(巖谷)으로 도망하여 이틀 밤을 머물렀는데, 허기가 심하여 보리이삭을 몰래 끊어먹다가 부양(斧壤, 평강) 사람들에게 죽임을 당했다."

하지만 철원을 비롯하여 중부지역 일대에서 전해지는 여러 가지 전설들은 이와 전혀 다르다. 전해지는 이야기에 따르면 왕건의 반란이 시작되던 날, 궁예는 북문이 아니라 남문을 통해 도성을 빠져나왔으며 도성 서남쪽 '중어성中禦城'을 향했다.

'중어성'이 있던 위치는 현재 철원읍 대마리 지역으로, 평원 중앙에 세운 도성의 전략적 취약성을 보완하기 위해 외곽에 설치한 열두 개의 산성 중 하나로 알려져 있다. 2006년 『군부대 문화재조사 보고서』에 따르면, 철원읍 가단리 일대에서 가로세로 각각 50cm 크기의 현무암을 2m 높이로 쌓은 동서 20m, 북 30m의 긴 장방형 성벽이 발견됐는데, 조사단은 이곳을 중어성의 유적이자 군마를 조련한 곳으로 추정하고 있다.

중어성 추정유물(© 문화재청)

궁예가 최후의 격전에 나선 곳,
보가산성지

전해 내려오는 이야기에 의하면 왕건에게 쫓긴 궁예의 항전은 '보가산성堡架山城'에서부터 본격적으로 진행된 것으로 보인다. 궁예는 '중어성'을 거쳐 더 서쪽에 있는 연천군 신서면 승양리의 외곽산성인 '승양산성承陽山城'으로 갔다. 그리고 이후 다시 보가산성으로 갔던 것으로 보인다.

보가산성은 강원도 철원군뿐만 아니라 경기도 연천군과 포천군이 만나는 경계 지점에 존재한다. 왕건에게 쫓긴 궁예가 이곳에서 최후 결전을 벌였다는 것은 이 산성의 또 다른 이름인 '보개산성寶蓋山城', '궁예왕대각대성지弓裔王大閣垈城址'에 남아 있다.

보개산성이라는 이름은 이 산성이 포천군 관인면 중리 마을에서 계곡을 따라

보가산성

약 2km 떨어진 보개산 향로봉 아래 골짜기에 있어서 붙여졌다. 그리고 '궁예왕대 각대성지'는 왕건에게 쫓긴 궁예의 군대가 이곳에서 성을 쌓고 최후 결전을 벌였다는 이야기 때문에 붙여진 이름이다. 이야기 속에서 궁예는 이곳 보개산 향로봉 아래 골짜기에 크고 작은 자연석을 엇갈려 산성을 쌓고, 왕건의 군대에 항거했다.

산성의 흔적은 지금도 근방 4km에 걸쳐 불연속적으로, 약 70m 가량 남아 있으며 골짜기 중심부의 석축은 그 길이 약 30m, 높이가 8~10m 가량 남아 있다. 산성이 사람의 이동조차 어려운 험준한 곳에 지어졌다는 점에서 영역 확장과 관리를 위한 성이 아니라 '피난성'처럼 보인다. 사실 지표조사에서 발굴된 유물들이 모두 고려 중기의 것들만이 확인되었다는 점에서 이 산성은 궁예가 쌓은 것이라 보기 어렵다는 것이 현재 학계의 시각이다. 사람들의 마음속에서 이곳으로 피신한 궁예는 추격해 온 왕건의 군대에 대항하여 최후를 맞이하는 것이 더 애처롭게 느껴졌기 때문에 이렇게 이야기가 만들어진 것이 아닐까.

산천초목이 같이 울다,
명성산

이야기 속에서 궁예는 보가산성 전투에서 패배하고 한밤중에 남은 군사를 이끌고 더 동쪽에 있는 명성산鳴聲山으로 들어갔다. 여기서 그는 팔부능선 협곡에 대략 70m의 '명성산성'을 쌓고 은거했던 것으로 보인다.

그러나 이미 대세는 기울었고, 그 또한 그것을 알고 있었다. 그는 여기서 군대를 해산했다. '명성'이란 말은, '큰 울음소리'이다. 그 당시 궁예의 부하들이 슬피 울자 산도 함께 울었다는 전설이 있어서 순우리말로는 '울음산'이라 하고, 한자어로는 '명성산'이라고 한 것이다.

명성산은 철원군 갈말읍과 포천군 영북면, 이동면에 걸쳐있는 산이다. 철원평야 동남단에 위치한 명성산에는 '석성'의 흔적이 남아 있다. 물론 이것이 궁예가 쌓은 산성인지는 명확하지 않다. 정사가 아닌 야사, 즉 이야기로 남아 있기 때문이다. 하지만 산의 정상 암릉 옆에 깨진 그릇과 기와 조각이 있으며, 암릉 옆에는 다듬어진 2단의 바윗돌이 있다. 성벽은 정상 한참 아래에서 시작된다. 세월이 흘러 파괴되었기 때문인지는 모르나 마치 궁예가 이곳에서 다급하게 성벽을 축성한 것처럼 엉성하다. 축대의 높이는 1m 남짓하다. 성벽의 흔적이 가장 많이 남은 곳은 남쪽의 낮은 지대에 위치한 남문지. 이곳에서는 사람들이 기거했던 흔적들, 기와장과 건물들의 파편이 발견되었다.

명성산에는 궁예의 이름으로 불리는 곳이 유난히 많다. 명성산성으로 이어진 명성산의 한쪽 능선의 이름은 '궁예능선'이며, 서쪽에는 '궁예바위'가 있다. 높이가 대략 15m에 이르는 바위 정상에는 웅덩이가 파여 있는데, 오랜 풍화 작용인지, 누가 판 것인지는 알 수 없지만 깊이 1m에 둘레가 20cm인 웅덩이가 있다. 전설에 따르면, 궁예는 이 바위에 서서 왕건의 포위 공격에 맞서 자신의 군사들을

명성산

독려했다고 한다. 궁예바위 아래에는 작은 동굴도 있다. 또한, 이곳의 약수터 이름도 궁예의 눈물처럼 마르지 않고 샘솟는다 하여 '궁예약수'라 부른다.

나를 따르지 마라,
군탄리

왕건의 공세에 밀려 명성산을 빠져나온 궁예를 끝까지 따르는 자들이 있었던 모양이다. '군탄리'라는 지명에 얽힌 설화는 바로 이들과 관계된다. 궁예는 바로 이곳에서 아직도 자신을 따르는 군사들에게 마지막으로 '나를 따르지 말라'라는 말을 남기고 혼자서 한탄강을 건너갔고, 남겨진 군사들은 이곳에서 슬피 울며 탄식했다고 한다.

이곳의 지명인 '군탄리軍嘆里'는 바로 이와 같은 설화에서 만들어졌다고 한다. 즉, '군'이 울며 '탄식'한 곳이라는 의미에서 지명을 군탄리라고 지었다는 것이다. 하지만 군탄리는 다른 의미에서도 군이 탄식할 만한 곳이다.

5·16 쿠데타에 성공한 박정희는 이곳에 전역비와 공원을 세웠다. 1963년 8월 30일, 강원도 철원군의 7사단 연병장에서 육군 대장으로 전역식을 하면서 그는 '다시는 이 나라에 본인과 같은 불운한 군인이 없도록 합시다'라고 말했다. 아마도 그는 자신의 쿠데타가 나라를 위한 불가피한 선택이었다는 점을 강조하고 싶었을 것이다. 하지만 그는 전역식이 있기 4개월 전인4월 8일, 국민투표를 보류한다는 '4·8선언'을 발표했다. 그리고는 '군에 복귀한다'는 혁명공약을 파기하고 자신이 사단장으로 근무했던 철원의 7사단 연병장에서 전역식을 한 것이다. 그가 노린 것이 무엇인지는 분명했다.

전역 후 그는 민주공화당에 입당했고, 제5대 대통령 선거에 출마하여 무려 18

년 동안을 무소불위의 권력을 휘둘렀다. 최후를 맞은 곳은 술 파티가 이어지던 궁정동 안가였다.

궁예가 잠들어 신이 된 곳,
삼방협

조선 전기에 편찬된 『고려사』에는 궁예가 지금의 평강인 부양지역의 사람들에게 죽임을 당한 것으로 기록되었다. 하지만 궁예의 최후에 관한 각종 설화들은 이와 전혀 다른 이야기를 전해주고 있다. 평강과 철원 지역에 전하는 설화에 따르면, 궁예는 자신의 군마 사육장인 '성모루성'을 지나 북쪽으로 향했다. 성모루성은 고암산高巖山 아래 북방한계선 근방에 자리를 잡고 있다. 아쉽게도 여기서부터 우리는 궁예의 자취를 더 이상 직접 확인할 수 없다.

북쪽으로 몰린 그는 강가에서 도착해 잠시 쉬면서 갑옷을 벗었다. 평강군 동북쪽 작은 냇물의 이름인 '갑천甲川'은 왕이 갑옷을 벗었다는 뜻을 가지고 있다. 그 후, 궁예는 자신의 정예병들을 양성하였던 검불랑劒佛浪 군사훈련장을 지나 삼방협三房峽의 깊은 골짜기로 들어갔다. 검불랑은 해발 1,000m 이상의 높은 산들이 자리 잡고 있는 평강군 '세포군'에 위치하며 추가령지구대 중 가장 높고 좁은 협곡을 형성하고 있다.

그런데 이곳의 이름인 '세포洗浦'는 '씻개(싯개)'를 한자로 표기한 것으로, 궁예가 여기서 피 묻은 칼을 씻었다고 해서 붙여진 이름이다. 이곳에서 궁예는 추가령지구대 중 가장 험하고 좁은 협곡인 '삼방협곡'으로 들어섰다.

삼방협곡은 바닥이 좁고 양쪽은 비탈면과 벼랑이 서로 맞대고 있는 좁은 협곡이지만 서울과 원산을 있는 중요한 길이었다. 고려시대에는 송도로 들어오는 사람들을 검문하는 세 개의 관방關防이 설치되었는데, 그 이름이 '삼방관'이어서 '삼 방협'이라는 이름이 붙었다고 한다. 이후, 일본 제국주의 시절에는 마식령산맥과 광주산맥 사이의 긴 골짜기를 이루고 있는 추가령지구대에 '경원가도'와 철로인 '경원선'을 개통하면서 이곳의 위상이 더 높아졌다.

궁예는 왕건의 추격을 피해 깊고 험한 협곡 안으로 더욱 숨어 들어갔다. 그리 고 그곳에서 그는 그 스스로 자신의 삶을 마무리했다. 육당 최남선은 「풍악기유風 嶽記遊」(1924)에서 상상력을 발휘하여 궁예의 마지막을 다음과 같이 전하고 있다.

> "… 구레왕이 발붙일 땅을 얻지 못하고 심벽(深僻)한 것을 찾아서 삼방 골짜기로 들어왔다. 풀밭에 기고 바위틈에 엎드려 가면서 수일을 지내는 데, 주린 배는 먹을 것을 찾아 마지아니했다. 삼봉 최고지에 올라서 은피 (隱避)하여 재도(再圖)할 땅을 둘러볼 즈음에 문득 한 승을 만나서 우선 먹을 것을 시여라 하매, 자기도 약간 후량을 어제까지 다 먹고 이제는 죽기만 기다리노라 한다. 혹시 용잠호장(龍潛虎藏)할 땅이 없겠느냐 하 매 병목 같은 이 속에 들어와서 살 길을 찾는 것이 어리석다 하고는 인 홀불견이었다. 아아, 천지망아(天之忘我)로다 하고, 그곳에서 심연을 향 해 그대로 몸을 던졌더니, 물에는 빠지지 아니하고 시방 능 있는 곳에 와서 우뚝 선 채로 운명했다."

사람들은 궁예가 죽은 바로 이곳에 묘를 세웠다고 전해진다. 『대동지지大東地誌』 에서는 "안변도호부에서 서남쪽으로 1백 20리이며, 삼방로 왼쪽에 있고, 석축이 수십 길이나 되고 높게 되어 있는데, 지금은 많이 무너졌다"라고 하면서 다음과 같이 묘사하고 있다.

> "궁예가 왕건에게 패하여 단기로 피란하여 오던 중, 이곳에 이르러 마상에 서 분사하여 장군같이 직립하였다고 한다. 고려 태조가 옛 정을 잊지 못하

여, 이곳에 조문하였으나 유해가 움직이지 않으므로 부득이 금관을 하고 돌을 쌓아서 분묘를 만들었다고 한다. 지금도 연 1회 제사를 지낸다."

최남선도 이것을 보았던 모양이다. 그는 다음과 같이 쓰고 있다.

"삼방개울을 끼고 철도용 수원발원지를 지나 남으로 오리쯤 가면 조그만 전우(殿宇)가 보이는 것은 태봉의 궁대왕을 숭봉한 곳인데 … 그 당우(堂宇) 뒤로 돌담같이 보이는 것은 석축 봉분의 남쪽 면이요, 그 북서 양면은 고제(古制)가 온전하고…. 묘전(廟前)에 둘러쌓은 장석(墻石)은 본디 분벽(墳壁)의 일부인 것을 알겠다."

궁예는 적어도 이 지역주민들에게는 패륜적인 폭군이 아니었다. 오히려 그는 죽은 이후에 삼방지역의 화복(禍福)을 관장하는 신(神)이 되었다. 궁예의 역사 그 마지막을 품은 땅이자 궁예를 신으로 품은 땅은 이제 남북을 가르는 분단에 의해 갈 수 없는 금기의 땅으로 남게 되었다.

궁예의 삶, 그 길 위에서 평화가 시작되다

군사분계선이 가로지르고 있는 태봉국 도성 터를 발굴하기 위해서는 남북의 긴밀한 협조가 필요하다. 이런 협업을 위해서는 남북 상호 간의 무장 해제가 전제되어야 할 것이다. 군사분계선 위에 놓인 태봉국 도성 터는 분단의 세월 동안 철저하게 버려져 있었다.

하지만 이것을 비극적으로만 생각할 문제는 아니다. 지금의 상황을 뒤집어 보면 오히려 이것이 남북의 평화로 나아가는 시발점이 될 수 있기 때문이다. 태봉국 도성 터를 발굴하는 작업에서 시작하여 궁예가 간 길, 그리고 신이 된 삼방협을 역사 탐방을 위한 코스로 개발하고자 한다면, 남북이 함께 군사분계선을 해체하고 그곳에 남북이 함께 하는 길을 놓을 수도 있다. 그리고 그때야 비로소 베일 속에 갇힌 이곳의 역사 또한 그 진실을 찾아가는 여정을 시작할 수 있다.

또한 어지럽고 혼란한 세상에 태어나 고통 받는 사람들과 더불어 '미륵세상'을 구현하고자 그 스스로 미륵이 되었던 궁예의 이야기도 다시 이어질 수 있다. 그리고 이곳 철원에 태봉국을 세웠던 궁예의 몰락과 그 몰락을 기억하는 사람들의 애달픔도, 그리고 남북 분단의 '한恨'을 치유하는 방법도, 다시 새로운 길을 내기 시작할 것이다.

매체에 재현된 궁예 살펴보기

지금의 사람들에게 기억되는 궁예는 대부분 금빛 안대를 하고 금빛 옷을 입었으며, '관심법으로 보았다'며 신하를 철퇴로 죽이라 명하는 모습일 것이다. 이는 대중에게 궁예라는 인물을 각인 시키는 데 혁혁한 공을 세운 「태조 왕건」이라는 KBS 드라마 덕이 크다. 이 드라마에서 궁예는 스스로를 미륵이라 자처하며 관심법이라는 능력으로 사람의 마음을 들여다 볼 수 있다 자신한다. "누구인가? 지금 누가 기침 소리를 내었어?"라는 궁예의 대사는 일종의 밈(meme, 인터넷 상에서 유행하는 특정 스타일, 행동, 생각 등을 말함.)이 되어 큰 인기를 얻으며 드라마가 종영된 후에도 많은 이들에게 궁예를 떠올리는 역할을 하였다.

　궁예가 사람들의 입에 오랜 시간 오르내리고 대중의 뇌리에 남아 있는 가장 큰 이유는 저 "누구인가? 지금 누가 기침 소리를 내었어?"라는 대사 뒤에 이어지는, 궁예의 명령으로 그 자리에서 신하가 철퇴에 맞아 죽는 장면 때문이다. 물론 이 장면이 등장하기 이전까지도 궁예는 약간은 미쳐 있어서 잔인한 폭정을 일삼는 인물로 그려졌다. 그러나 이 장면에 와서야 '궁예=미친 폭군'이라는 등식이 확고해졌다고 할 수 있다.

　그러나 앞서 살펴보았듯이 궁예가 진정 폭군이었다면, 철원의 수많은 곳에 궁예와 관련된 전설과 이야기들이 전해지고 있는 상황을 이해하기 어렵다. 실제로 다양한 궁예 관련 연구에서도 태봉국 시절 궁예의 실정 및 폭정, 백성의 어려움은 사실이었겠지만, 드라마처럼 이성을 잃은 행동을 하지는 않았을 것이라는 데 의견을 모으고 있다. 아마도 왕건의 고려 건국 이후 선대 군주인 궁예에 대한 악평이 과장되었을 가능성이 높으며, 실제로 이루어졌던 궁예의 실정과 폭정이 함께 전해지면서 이와 같은 극적인 궁예의 이미지가 만들어졌을 것이다.

하지만 『삼국사기』에 의하면 궁예는 "사졸과 함께 고생하며, 주거나 빼앗는 일에 이르기까지도 공평무사" 했다고 기록되어 있다. 궁예가 마지막을 보낸 철원 곳곳에 남겨진 궁예의 슬픔을 전하는 이야기들과 이러한 기록들을 함께 생각하면, 아마도 궁예가 집권 초반에는 선정을 베푸는 왕이었다가 이후 점점 강압적 폭정을 행했을 것으로 추정할 수 있다. 실제로 『고려사』에 궁예가 "집권 후반기에는 스스로를 미륵이라 자칭했으며, 관심법으로 사람의 마음을 뚫어본다고 주장하고, 법봉을 사용하여 신하들을 때려죽이는 등, 광기를 일으켰다"라고 기록되어 있는 것을 미루어보면, 이런 추정은 얼추 사실에 가까울 수 있다.

학계에서는 궁예의 폭정이 왕권 강화에서 비롯된 것이라는 데 의견을 같이한다. 또한 궁예가 스스로를 '미륵'이라 칭한 것은 혼란했던 신라 후기에 백성들 사이에 널리 퍼졌던 미륵신앙을 활용하여 영향력과 왕권을 강화하고자 했던 전략의 하나였을 것으로 추정한다. 드라마에도 등장하는 관심법이라는 신통력 또한 이러한 맥락에서 이해할 수 있다. 협력했던 고구려계 호족들에게 권력이 집중되는 것을 막고자 백제계 호족들을 등용하고, 청주 주민들을 철원으로 이주시키는 등의 작업을 하였는데, 이것은 왕권 강화와는 별개로 오히려 백성들에게는 피폐함을 안길 수밖에 없는 조치였다. 황후마저 처형하는 모습은 잔인함의 극치로 그려지는데, 이 또한 고구려계 호족을 대변하던 황후 강비를 그대로 둘 수 없었던 왕권 강화 과정으로 해석된다.

궁예의 폭정에는 일면 나름의 이유가 있었을 것이다. 권력에 집착하며 폭정을 이어갔던 그를 일종의 편집증을 보인 존재로 그려낸 드라마의 상상력에도 수긍할 만한 대목이 있다. 혼란의 시기에 민심을 얻어 권력을 가지는 데 성공했지만, 그 권력을 제대로 행사하지 못하고 포악해짐으로써 자신과 나라를 무너뜨린 것 역시 분명해 보인다. 그에 대한 후대의 과장된 평가는 권력에 대한 과도한 욕심이 가져올 허무한 미래에 대한 경계의 진언眞言이라 할 수 있을 것이다.

| 이미지 출처 |

본문의 사진이나 이미지 자료 중 별도의 출처표기가 없는 사진은 건국대학교 통일인문학연구단 DMZ연구팀에서 촬영 또는 그린 것임을 밝힙니다.
더불어 공공누리 유형 표기가 없는 자료들은 철원군청, 강원영상위원회, 철원문화원, 국방일보, 서울대 영어영문학과 명예교수 김명렬님, 시인 정춘근님의 허락을 받아 게재한 것으로, 협력에 깊은 감사 인사를 전합니다.
마지막으로 저작권 권리처리된 자료제공 플랫폼인 공유마당의 자료는 원저작자를 밝히고 각 자료 밑에 공유마당으로 출처를 밝혔으며 공공누리 유형표기 및 출처는 다음의 표와 같습니다.

장번호	쪽수	사진명	출처	공공누리 유형
10	184	두루미, 재두루미, 흑두루미	환경부	1유형
11	214	충렬사지	문화재청 국가문화유산포털	1유형
12	235	철원 도피안사 철조비로자나불	강원도청, 한국문화정보원	1유형
13	242	중어성 추정유물	문화재청 보도자료 (2019.4.23)	1유형

| 건국대학교 통일인문학연구단 DMZ연구팀 소개 |

건국대학교 통일인문학연구단은 '소통, 치유, 통합의 통일인문학'과 '포스트 통일 시대의 통합적 코리아학'이라는 아젠다 연구를 수행하고 있는 인문학 분야의 유일한 통일 관련 연구소이다. 문학, 역사학, 철학 등의 인문학을 중심으로 정치학 및 북한학 등이 결합한 융복합적 통일 연구를 진행하면서 다양한 사회적 실천 사업도 진행 중이다. 또한 건국대학교 대학원 통일인문학과 및 문과대학 통일인문교육연계전공 등을 운영하면서 교육 및 후속 양성에도 힘쓰고 있다.

DMZ연구팀은 통일인문콘텐츠 개발의 일환으로 추진된 'DMZ디지털스토리텔링 연구' (2015~2016년), 'DMZ투어용 앱 개발'(2016~2019년) 등을 진행한 통일인문학연구단 산하 DMZ 분야의 전문 연구팀이다. 이 연구팀은 총 5년 동안 DMZ 접경지역을 직접 답사하면서 이 공간과 관련된 다양한 인문적 연구를 특화하여 수행했으며 다양한 원천콘텐츠를 축적했다. 이 책은 바로 이 연구팀 소속 연구진들의 지난 5년 동안의 경험을 토대로 한 답사기이다.

| 저자 소개(가나다 순) |

남경우
통일인문학/구술생애사 전공, 건국대학교 통일인문학연구단 전임연구원

박민철
한국현대철학 전공, 건국대학교 통일인문학연구단 및 대학원 통일인문학과 교수

박솔지
통일인문학/공간치유 전공, 건국대학교 통일인문학연구단 HK연구원

박영균
정치–사회철학 전공, 건국대학교 통일인문학연구단 및 대학원 통일인문학과 교수

윤태양
유가철학 전공, 성균관대학교 한국철학문화연구소 전임연구원

이의진
통일인문학 전공, 한국대학교육협의회 한국고등교육정보센터 연구원

조배준
서양철학 전공, 경희대학교 강사

DMZ 접경지역 기행 5 철원편

초판 1쇄 인쇄 2022년 04월 22일
초판 1쇄 발행 2022년 04월 29일

펴 낸 이 건국대학교 통일인문학연구단 DMZ연구팀
감   수 최익현
발 행 인 한정희
발 행 처 경인문화사
편   집 이다빈 김지선 유지혜 한주연 김윤진
마 케 팅 전병관 하재일 유인순
출판번호 제406-1973-000003호
주   소 경기도 파주시 회동길 445-1 경인빌딩 B동 4층
전   화 031-955-9300   팩   스 031-955-9310
홈페이지 www.kyunginp.co.kr
이 메 일 kyungin@kyunginp.co.kr

ISBN 978-89-499-6639-7 03910
값 16,000원